JN123705

LE PETIT LIVRE DU BONHEUR

ちいさな手のひら事典

幸運を呼ぶもの

LE PETIT LIVRE DU BONHEUR

ちいさな手のひら事典

幸運を呼ぶもの

ヴェロニク・バロー 著

いぶきけい 翻訳

目次

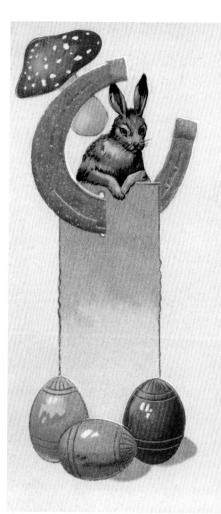

ラッキーモチーフ：時を超える歴史

　　幸せを追い求めない人はいません。わたしたちはみな、幸せを見つけ、それに満たされて過ごしたいと願っています。喜びは長く続かないけれど、幸せは幸運とやすらぎをずっと与えてくれます。しかし、幸福な精神状態を保つには、人生のあらゆる側面で大きな問題がないこと、あってもそれを解決できることが必要です。そこで力を発揮してくれるのがラッキーモチーフ。これを上手に使って不吉なできごとや、病気や不幸を招くといわれる呪いを払いのけましょう。日々の生活にチャンスを引き寄せ、運命を好転させるおまもりもあります。幸せを呼ぶアイテムは、本来の用途とはちがっていたり、特別にこしらえたものだったり、自然界にあるものやおまじない、願いごと、実際の行動などさまざまです。最近では、こうしたおまもりに頼ることが少なくなっているとはいえ、たとえばフランスでは木に触れる、だれかの幸運を願うときに「くそったれ」と言う、ヤドリギの木の下でキスをすることがありますが、そうしたおまじないに今も知らないうちに助けてもらっていることがあるかもしれません。幸せになりたいとの思いから、おまもりを身につけ、おまじないを唱え、昔からの風習を守ることはめずらしくないのです。

先史時代から今日に至るまで

　　先史時代の墓地で、彫刻が施された石や歯や貝殻が発見されることがあります。当時の人びとがこれらを幸運のおまもりとみなしていたという点で、考古学者たちの考えは一致していま

す。その後、あらゆる種類の多くのおまもりが、時を超えて人び
とを護りつづけてきました。異教を含む宗教的なラッキーチャー
ムには、チャンスをもたらし、身を守る力があると考えられ、ある
時期、流行になったものもあります。19世紀末にブームを呼ん
だ、動物や植物をかたどった幸運を招く下げ飾りや宝石がその
例です。他方、思い出の品を入れたロケットやおまもり袋など
は、時代を超えて用いられてきました。片手を挙げた猫の置き
もの「招き猫」は日本の伝統的な縁起もので、寺や商店や食堂
などさまざまな場所に置かれています。民間で広く信じられて
いる説によると、猫が左手を挙げていたら千客万来で店が繁
盛し、右手を挙げていたら幸福と幸運が保証されるそうです。

お好みのままに！

　どんな人でも、例外なくラッキーモチーフの力を借りていま
す。フランスの民俗学者ポール・セビヨ（1843-1918）によれ
ば、素朴な田舎町であろうと、教養あるパリの社交界（とりわけ
芸能界）をはじめとする「文明社会」であろうと違いはありませ
ん。つましい人びとは手に入りやすいチャームの力を信じて、キ
ヅタの葉や赤い糸、鍵を身につけ、絵はがきや安価なアイテム
を買っていましたし、お金持ちは見るからに凝ったつくりの
チャームを宝石で飾っていました。幸運を約束する四つ葉のク
ローバー、殻が3つに分かれるクルミの実等々、自然がもたらす
偶然の賜物を探して運試しをすることもすべての人に共通で

す。とはいえ、時が経つにつれ、一時的なおまもりの人気は薄れ、仕舞いには消滅してしまいます。動物のなかには、これ幸いと喜ぶものもいるでしょう。なにしろ、多くの動物が四肢を切断されるなど、人間の幸運のために拷問に耐え、犠牲になっているのですから。

効験はあらたか

　幸せを呼ぶとされている霊験あらたかなアイテムをもっと活用して、日々、穏やかに過ごしてはいかがでしょうか。もし言い伝えが真実なら、親友が欲しい、共感を得たい、長きにわたり人生をともにしたいなどの願いを叶えたいとき、わたしたちにできるのはラッキーモチーフに頼ること。家に伝わるウェディングドレスをまとった花嫁は、幸先の良い結婚生活を始められることでしょう。賭けで儲けたいなど、お金に関して試してみるべきことは山ほどあって、それだけでひとつの大きなテーマになります。たとえば、ヨーロッパの商人が、その日いちばんに売れた品の代金から硬貨を1枚返すことを習慣としていたのは、この先の実入りを期待してのことでした。戦闘や裁判で勝利を祈願するだけでも一大テーマで、それぞれ独自の慣習があります（青または白の服を着れば、裁判官に好印象を与え、有利な判決が期待できるなど）。また、幸せは、年齢や状況にかかわりなく突如として人を襲う病などのさまざまな不幸を免れることでも得られます。従来の医学的知見からいっても、災いは避けるに

越したことはありません。どれほど手を尽くそうと、必ずしも治るとは限らないからです。人はみな、野生の動物から身を守るのと同じように、戦場でけがをしないよう努めるもの。騎士は、鎧の下にスベリヒユを忍ばせておけば、無敵になれると信じていました。泥棒だって、例外ではありません。ナイジェリアでは、ある泥棒が警官に捕まらないように27ものおまもりを身につけていましたが、そのうちのひとつ、編んだ革ひもは、万が一逮捕されても無事逃げ出すことができるようにするためでした。

瑪瑙
AGATE

瑪瑙の色には、
それぞれ固有の力があります。

　瑪瑙はまったく非のうちどころがありません！ 悪運を祓い、事故を遠ざけ、持ち主は明るく勇気があって、人から好かれる性格になり、財産を築いて末長く生きることができるというのですから。また、ペストの瘴気*から身を守り、蛇に噛まれたときには傷に当てるだけで早く治ると信じられていました。巷では、この貴石を6月にプレゼントすると、効力が10倍になるといわれています。かつて、フランス南部ロゼール県の女性は、安産のために石目模様のある瑪瑙をペンダントにするとよいとされました。子どもに贈れば、挫折する確率が大幅に減って成績が上がることから、授業を受けるとき、男の子はポケットにいつも瑪瑙の玉を3つ入れていたのだとか。

　一般にこのような効力を持つ瑪瑙ですが、色の違いによっても固有の幸せをもたらします。黒い石なら堅い友情で結ばれて穏やかな人生を送り、白い模様の入った石ならライバルに遭遇しても成功できるほか、いくつもの色調に彩られた石を持つ人は、家庭内の不和とは無縁です。なかでも、もっとも得がたい石は、神の血で染められたという赤い瑪瑙です。

* 大気中にある病毒で、昔は伝染病の原因とされていた

THE ROSE AND THE AGATE

May each of your birthdays be a
milestone
On the way of a happy life

アクアマリン
AIGUE-MARINE

繊細なブルーが美しいこの宝石の名は
「海の水」を意味します。

　長いあいだ、フランスのプロヴァンス地方では、アクアマリン
は海から生まれ、大波小波に揺られているあいだに青に染まっ
たと信じられてきました。この貴石が大洋の水を支配する力を
秘めているといわれるのもそのためでしょう。ギリシアの船乗り
たちの多くは嵐を恐れて、ポセイドンの姿を彫ったアクアマリン
を肌身離さず身につけていました。このようにして、海神ポセイ
ドンの加護を願い、穏やかな海と晴れた空の下で航海できるこ
とを祈ったのです。また、この宝石は航海家の視界を明るく照
らし、航海中の危険を免れることができるともいわれました。

　石の持つ明晰さゆえに純粋な感情のシンボルとされているこ
とから、アクアマリンは幸福なカップルの守護神でもあります。
アクアマリンの指輪をはめていれば、恋人の忠誠と平和が期待
できます。したがって、アクアマリンはこれから結婚しようとする
人のためには恰好のプレゼントでしょう。さらにこの宝石は、恐
怖に立ち向かう勇気を与え、心の平安をもたらしてくれます。

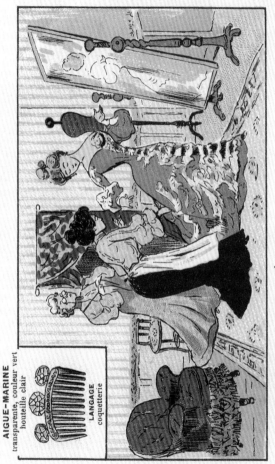

AIGUE-MARINE
transparente, couleur vert
bouteille clair

LANGAGE
coquetterie

LANGAGE ET VERTUS DES PIERRES PRÉCIEUSES.

縫い針

AIGUILLE

縫い針を井戸に投げ入れると、
愛する人に巡り会えると言い伝えられています。

縫いものをしているときに針が折れたら、その服を着る人に
そのうち幸運が訪れます。ミシンの針が折れたのは、持ち主が
遺産を相続するという予兆かもしれません。フランスのオーヴェ
ルニュ地方には、次のような突拍子のない信仰があります。死
者を覆う埋葬布を縫うのに使った針を身につけていると、恐怖
を克服し、幸せを手に入れることができるというのです。

先の尖った針が人を守るという点は、どこの国でもほぼ共通
しています。家の敷居または玄関のドアの上に突き刺しておく
と、あらゆる危険が侵入するのを防ぐことができます。同じ目的
で、トルクメン人は針を刺した布製のおまもりを住まいのどこか
に留めておきます。また、不幸を遠ざける目的で、赤ちゃんがか
ぶるフードに針を留めておくこともあります。身を守るのに縫い
針を用いる国は、ほかにもあります。スロバキアでは、多くの人
がひとつ屋根の下で一緒に暮していた時代、赤ちゃんとその母
親がいる場所は針をいくつも刺したカーテンで仕切られていま
した。病気から母子を守るこの仕切りは、生後40日間設置さ
れていました。また、ポルトガルには、悪い魔女から赤ちゃんを
守る目的で、床に針を突き立てておく習慣がありました。

LES INSTRUMENTS DE TRAVAIL

L'Aiguille et le Fil

ニンニク

AIL

ニンニクは、人を寄せつけないという点で、
きわめて有能なボディガードです。

　古代から、この植物は強壮剤や予防薬として優れた効果があるとされてきました。クフ王のピラミッド建設に携わったエジプトの労働者は毎日ニンニクを食べるよう命じられていたとか。のちのフランス南西部ベアルヌ地方では、赤ちゃんの口をニンニクの球根で拭う習慣があり、国王アンリ4世もそのひとりだったそうです。

　ギリシア人とローマ人は、悪霊を追い払うため家の窓と扉にニンニクを吊るし、ルーマニア人は、吸血鬼を怖がらせるために同じことをしていました。ニンニクの茎を編んで（球根の数は必ず奇数にすること）、家畜小屋や厩舎の入り口に吊るしておけば、魔術師や肉食の獣に襲われる心配はないでしょう。

　また、かつてギリシアでは、嵐や雪崩を避けるため、旅をするときは必ずニンニクを身につけていました。そうすることで、盗賊に襲われたり、蛇やサソリに噛まれたりする危険を免れました。トルコには、幸運を祈って同じことをする漁師がいますし、ギリシアでは、車を運転するときに陶器製のニンニクをバックミラーに掛けて、交通事故に遭わないようにしています。いちばんおすすめなのは、朝、お腹がすいているときにニンニクを食べることで、少し勇気がいりますが、その日、とてもいいことがあるかもしれません。

OIGNONS, AIL, POIREAU

磁 石
AIMANT

かつて、イタリアの泥棒は、
磁石の力があれば捕まることはないと信じていました。

　磁石にはものを引きつける力があることから、家族の絆を取りもどし、友情をたしかなものにし、恋愛関係がいつまでも続くと考えられていました。緑色の布でつくった小さな袋に磁石を入れて持ち歩けば、愛しあうカップルに怖いものはありません。南米アンデス地方には、愛する人のハートを射止めるために独身者がとる特別な作戦があります。まず、愛するふたりが固く抱きあう姿を描いたおまもりと、磁石または磁力のある鉱石を白い布でくるみます。次に、布を折りたたんで袋状にし、赤い糸で3回くくります。こうしてつくったおまもりを持ち歩くか、ベッドの下に置いておけば、恋人と愛しあえるのです。

　また、磁石にはチャンスを呼ぶ力があり、いちばんの願いごとが叶うといいます。それだけではありません。磁石は知性を高め、勇気を与え、幽霊から守ってくれます。さらに何かいい予感がしたときに、磁石を持っていればそれが実現します。毎週、火曜日と金曜日になると、きまって磁石にお酒を少しかける人を見たことがあるかもしれません。そのあと、赤い紙に包んで、お金と一緒にポケットに入れておきます。磁石が細いひげのようなもので覆われていたら、吉兆です。仕事で成功し、お金が儲かるでしょう。

L'AIMANT

海藻

ALGUES MARINES

世界中どこでも、海藻が船乗りたちの
おまもりであることに変わりはありません。

　海産物である海藻は、沿岸に住む人と船乗りを護る役割を
果たしてきました。日本の神道でさまざまな意味をもつ海藻は
航海の安全を祈るときやお祓い、神事などに使われています。
旧暦の元日にあたる日に下関にある住吉神社に参拝する人も
います。神職が海に入って刈り取ったワカメを神前に供えて祈
る神事が行われるからです。安産祈願以外にも、海藻には海
の男を護る効力があるとされています。フランスのブルターニュ
地方では、長きにわたって長距離を航海する船乗りたちが、ヤ
ハズツノマタ（*Chondrus crispus*）を持って海に出る習慣があ
りました。船に乗った息子が不在のあいだ、母親は幸運を祈っ
て子どもの写真のそばに海藻をお供えしたものです。
　片や空の世界でも、大西洋を横断する初期の航空郵便パイ
ロットは庇護を求めて、ひと抱えの海藻を積みこんでから飛び
立ちました。また、地上では、昆布を家の周囲に干せば夫婦は
安泰だといわれました。干した海藻は家の住人を火災から守る
と同時に商売が繁盛するそうで、商人は海藻を煎じたもので店
内をきれいにしていました。

ALGUES MARINES RENCONTREES SUR NOS COTES
6. Porphyra laciniata - Chondrus crispus

琥珀

AMBRE JAUNE

琥珀は、数百万年前にさかのぼる樹木の樹脂が
化石になってできた物質です。

宝石のような外観と磁気を帯びた性質から、古来、琥珀は
珍重されてきました。小さなかけらでも身につけていると心が
落ち着き、船の難破や蛇や病といった災いから守られていると
感じることでしょう。また、琥珀の色が濃くなったときは、危険が
迫っている徴候だといわれます。

何世紀にもわたり、世界各地で琥珀を用いた装身具がつく
られてきました。たとえばヨーロッパでは、ネックレスにして赤
ちゃんの歯ぐずり対策に使われています。歯が生えはじめてぐ
ずる子どもの歯ぐきの痛みや炎症を和らげるとともに、呪いや
ひきつけから赤ちゃんを守ると信じられてきたのです。

赤ちゃんに限らず、大人が琥珀を求めるのにはまた別の理由
がありました。ペルシアの君主は、傷に対する免疫を高める目
的で、天の賜物といわれる琥珀のペンダントを首に掛けていま
した。男性の場合は精力の衰えを防ぎますし、女性の場合は
難産の苦しみを和らげてくれます。さらに、琥珀の夢を見た人
は幸せになれます。その夢は、思いがけない収入があるか、約
束ごとが叶う予兆だといわれているからです。

Les Minéraux

Le Succin (Ambre jaune)

Allemagne.

蜘 蛛
ARAIGNÉE

蜘蛛が家畜小屋に巣をかけると幸運が訪れます。
空気を清め、呪いを祓ってくれるからです。

　宝くじの当選番号を知りたいがために、90までの数字をそれぞれ小さな紙に書き、それらの紙が入った箱に1匹の蜘蛛を入れ、ひと晩、閉じこめておく女性がいました。夜のあいだに蜘蛛が裏返した紙に書いてある数字は、くじに当たる確率が高いというのです。また、ちょっとしたことですが、腕や着ている服によじのぼってきた蜘蛛を捕まえると、お金が入るといいます。フランスの多くの地方で、この瑞兆は、朝に蜘蛛を見かけた場合に限られることになっています。さらに、太った蜘蛛であればお金の額も相当なものです。「朝の蜘蛛は悲しみのしるし」といわれていますが、それには耳を貸さず、掘り出しものが見つかるか、お金が儲かると言って「朝の蜘蛛は縁起が良い」と信じているようです。反対に、夜の蜘蛛に関しては、必ず何かいいことがあるという点で意見が一致しています。
　生きている蜘蛛を小さな袋に入れると幸運を呼び、魔術師を追い払ってくれることから、かつては贈りものとして喜ばれたものです。19世紀には、ほんものの蜘蛛または蜘蛛を模したものをロケットに入れ、おまもりとして店で販売していました。

Heureuse année

アクセサリー

BIJOUX

ドイツのバイエルン地方の農民は、金色の小麦が実るよう、
種を蒔くときに金の指輪をはめていました。

　装身具としてその人の繁栄ぶりを示すだけでなく、おまもり
代わりにアクセサリーを身につけることはよくあります。オブジェ
に授かった魔法の力は、形態や構成、装飾によって異なります。
ブレスレットまたはネックレスのように円を形成するアクセサ
リーは強力なおまもりで、結婚指輪と同じように、相手の不実
を防ぎ、カップルの相性や結びつきを占うことができるといいま
す。また、古代の船乗りが金のリングを耳につけていたのは、
水難を避けるためでした。

　アクセサリーに使用されている宝石や貴金属は、それぞれ異
なるものを象徴しています。銀は呪いに対して無敵の盾になる
と考えられ、おまもりを兼ねて身につけることが少なくありませ
ん。銀の輝きも、効力のパワーアップに貢献しています。きらき
ら光るまたは色鮮やかな装身具であれば、それに目を奪われる
ので、魔術師や疫病神の気をそらすことができます。東欧やロ
シアの人びとが、昔から髪に硬貨を飾っていたのはそのためで
す。でも、ほんとうに悪霊から逃れたいと思ったら、ちょっとでも
動くと音を立てる、いくつものパーツでできたアクセサリーや、
飾りを下げた時計やブレスレットがいちばんです。

小 麦
BLÉ

小麦粉でつくった聖体のパンを食べると、
死後、よみがえるのだそうです。

　キリスト教の象徴であり、滋養たっぷりの植物として知られる小麦は、人生の節目ごとに人びとを祝福してきました。古代エジプトには、不死を享受できるように小麦の粒と一緒に埋葬する習慣がありましたし、ローマでは、結婚式のとき、幸せと子宝に恵まれることを願って、新郎新婦に小麦の粒を投げていました。フランス南西部のベアルヌ地方では、赤ちゃんが生まれるたびに、升に入れた小麦と銀貨を窓から放って、子どもの幸せを祈ったものです。

　日常生活のこのような習慣は、ほかにもたくさんあります。たとえば、聖ヨハネの日*に、7本または12本の麦の穂を家のどこかにひっかけておくと、1年間、パンにもお金にも困ることがないといいます。アメリカ人は、小麦の粒をポケットか靴に入れておくだけで幸運が舞いこむと信じています。かつて、豊作を願う農民は、種蒔きの前には小麦の力を、収穫の前には畑の力を頼りにしていました。最後のひと束には小麦の精が宿っていると考えられていたことから、翌年の収穫のためにそれをおまもりのように大事に取っておき、ときにはご近所の人に麦の穂を1本おすそ分けしたということです。

* 洗礼者ヨハネの誕生日とされる6月24日

木
BOIS

天然の木だけが幸運をもたらすという
確固とした信仰があります。

不運を祓い、喜びが続くことを祈願して木に触れる厄除け
は、昔からおこなわれてきました。計画が実現するなど、願いが
叶って成功のチャンスに恵まれるには、「木に触ります」と大き
な声で言って、実際にそうしなければなりません。そんな力が木
にあることを不思議に思う人がいるかもしれませんが、それを
理解するには時をさかのぼる必要があります。神のいる天空に
向かって成長する木を人びとが心から愛していた時代、幹から
滴る樹液を見て、木の幹には聖霊が宿っているにちがいないと
考えた時代、イエスが亡くなったほんものの十字架の片りんに
触れることで、幸運とご加護を得ていた時代に……。

何世紀もの時を経て、天然の木に対する信仰は大きく広が
り、どんな種類の木であってもその力を頼みにするようになりま
した。しかし、伝承によると、少なくとも丸い形をしていること、
ニスや色を塗ったりしていないことが条件です。その点、木の
枝や道具の柄、素朴な杖なら同様の効果が期待できそうで
す。伝統的にはオリーブやヒマラヤスギが好ましいのですが、
輪切りにした木をポケットに入れておくだけでもよいでしょう。
第一次世界大戦中、フランスの兵士は弾丸に当たらないよう
に、なんの変哲もない木片をおまもりとして身につけていまし
た。ひとつ、忘れてはならない大切なことは、木には必ず右手
で触らなければならないということです。

LES INSTRUMENTS DE TRAVAIL

La Cognée

こぶ
BOSSU

朝、背中にこぶのある人を見かけると、
恋愛に恵まれると言い伝えられています。

フランスやイタリアでは、背中に突き出たこぶは、幸運のシンボルだと考えられていました。

18世紀初め、パリのカンカンポワ通りにあるジョン・ローが設立した銀行の前にこぶのある男が立っていて、曲がった背中を机代わりに相場師に貸すことで5万リーブル以上を稼ぎます。この話に着想を得て、1857年、大衆小説家ポール・フェヴァルは『せむし』を書き、人気を博したのでした。

人びとはお金欲しさに隆起した背中に手を伸ばしました。娼婦たちは客をたくさんとれるように、カジノでひと儲けしようとする人は出かける前に、といった具合です（博打で稼いだら、その金額に応じて、カジノを出たところで銀貨または金貨を1枚、こぶのある人に譲ったのだとか）。また、元日に最初に会った人の背中が隆起していたら、幸運に恵まれるともいわれており、大きなチャンスが舞いこむと信じられていました。

SOIGNE LES DÉTAILS !

南京錠
CADENAS

南京錠を空中に放り投げたのち、
右上のポケットに入れておくと、その戦士は敵から守られるでしょう。

　安心と安全のシンボルである南京錠は、宝石を飾り、愛情の
あかしとして最愛の人にプレゼントされました。幾千ものカップ
ルがふたりの愛を永遠のものにしたいと願い、大都市の特定の
場所に鍵を残していきます。こうして、パリ・セーヌ川に架かる
橋、ポンデザールの欄干は無数のおまもりで覆いつくされ、恋
人たちは錠の鍵をセーヌの川面に投げ捨てるように。しかし、
信仰の篤さから金属の重さは何トンにも達し、ついに橋の手す
りが倒壊したのです……。それまでも、パリ市は金属製の木を
設置して、そこに鍵を取りつけてもらうことで事態を収拾しよう
としていましたが、安全が最優先だとして「愛の南京錠」は除
去されました。同様に、縁起をかつぐ恋人たちは、ロシアならモ
スクワのルシコフ橋へ、韓国ならNソウルタワーへ赴くのです。
　昔から、南京錠は恋人たちの愛の守り神でした。ペルシアに
は、結婚式の前に南京錠の鍵をかける習慣がありましたが、こ
れは正式に夫婦の誓いを交わす前に新郎が別の女性の夢中に
なるのを封じるためでした。上海の子どもが南京錠を首に掛け
ているのは、魂が飛んでいかないようにするのが目的です。ま
た、中国のほかの地方では、赤ちゃんの首に掛けた南京錠は生
命に繋ぎ留められていることのあかしで、長寿が得られるそう
です。

Amitié
Sincère

シャンパン
CHAMPAGNE

シャンパンが使われるようになる以前、
船の命名式には血なまぐさい犠牲がつきものでした。

　パチパチ弾ける泡と何ものにも代えがたい味で、楽しいイベントではシャンパンを開けることになっています。民間では早くから、シャンパンが幸運のシンボルとして定着していました。シャンパンのコルク栓を飛ばすときの、ポン！　という音に悪霊も逃げ出し、大きな音がすればなおさらです。瓶はあらかじめ思い切り振っておくこと。あふれる泡をこめかみに塗れば、さらにチャンスが増えるかもしれません。ロケットのごとく飛んでいった栓で、だれかがけがをすることのないよう気をつけるのはもちろんですが、伝承によれば、たいしたことではありません。なにしろ、それで幸運が倍増するというのですから。シャンパンのコルク栓に切込みを入れて硬貨を1枚挟めば、ラッキーチャームにもなります。英国人はそれを生涯大切に持っていて、魔法の力が失われないようにするのだとか。

　新しい船が進水するに先立ち、舳先でシャンパンの瓶を割る習慣は19世紀に始まりました。このしきたりには妊娠していない女性が選ばれるならわしですが、1回でボトルを割ることのできる、じゅうぶんな力がなければなりません。さもないと、船は航海中、深刻な問題に直面するでしょう。運命のなすがままにさせないためにも、通常、命名式の前に、あらかじめ瓶に軽く切込みを入れておくことになっています。

炭
CHARBON

木にも大地にも、邪悪なエネルギーを吸いとり、
幸運を引き寄せる性質があります。

　聖ヨハネ生誕の日に燃やす火か、クリスマスの日に燃やした
薪でつくったものであれば、炭になった木片は幸運のシンボル
です。ポケットの奥や鞄に入れておくと、試験で良い成績がと
れ、溺れることや戦争で負傷することなどのさまざまな災いから
逃れることができるといいます。

　家具を入れる以前の新居に、最初に炭を持ちこむと悪霊が
逃げ出し、家は繁栄するでしょう。地面に落ちている炭の切れ
はしは何かいいことのあるしるしですが、慣習どおり適切に行
動することが条件です。まず、足を揃えてそのまましゃがみ、そ
れから炭になった木切れを右手で拾います。炭を持ち帰りたい
人は、その前に上からつばを吐いておくこと。左の肩ごしに炭
を放り投げる場合もありますが、何かにあたらないよう気をつ
けて。そうしないと、魔法の力が無効になってしまいます。

　最後に、「最初の一歩」と呼ばれる英国の慣習を紹介しま
しょう。元日、最初に家を訪れてきた人は、住人に塩、硬貨、炭
を手渡して新年の抱負を述べます。贈りもののうち、富と暖か
さを象徴する炭を火に投げ入れると、いちばん大切な願いが叶
うとされています。

LE MINEUR

アザミ

CHARDON

———————

気をつけて！アザミに触れてとげが刺さったら、
悪い人が来るかもしれません。

葉にとげがあるため、昔の人は家を守るのにこの植物を利用していました。庭にアザミを植えれば、泥棒もあきらめて帰ります。家畜小屋の入り口に留めておけば、農場の動物に呪いがかかるのを防ぎ、玄関や建物の上のほうに釘で打ちつけておけば、住人を護ってくれます。また、キビ畑に植えておくと、運悪く収穫が台なしになることもありません。魔女から身を守る方法のひとつに、アザミの繊維で織った布の服を着ることがありました。その場合、動物が溺れ死んだ水に植物を浸しておけば、効果が倍増すると信じられていました。

アザミの持つ効力は、それだけに留まりません。かつて、若者は意中の女性に恋心を芽生えさせ、逢引きがうまくいくようアザミの力を借りていました。また、フランスのリエージュに住む人は、細心の注意を払ってアザミを丸ごと引っこ抜き、根っこの先に金貨がついていないか確かめたそうです。

乾燥させたアザミはいつまでも保存がきくことから、かつて中国では、長寿を保証する強壮剤の一種とみなされていました。また、大きく育った13本のアザミを、柳の枝で編んだ籠に入れておけば生活が楽になり、家のなかに置いておけば平穏で幸せな生活が送れるのだそうです。

猫
CHAT

賭けに勝つには、黒猫をやさしくなでてやるか、
猫の毛を数本身につけている必要があります。

黒猫は悪魔や魔女の仲間とみなされているのに、多くの場
合、迷信では幸運をもたらすと信じられています。実際、黒い
色が住まいを荒らす不吉な力を吸収するのはたしかで、黒猫は
人知を超越した力を排除するため、家を清める重要なはたらき
をするのです。したがって、家で飼う黒猫は魔法を解いて家族
に幸せをもたらすと同時に、経済的な余裕と計画の成功を約
束します。

歴史上、名だたる人物が猫に信頼を寄せていました。たとえ
ば、イングランド国王チャールズ1世は、飼っていた黒猫が死ん
だとき、これで運が尽きたと思ったそうです。偶然かもしれませ
んが、翌日、王は毒を盛られたうえ、1649年に斬首されたので
した……。それからずっとのち、チャーチルが第二次世界大戦
で勝利を収めたのは愛してやまない黒猫のおかげだといわれま
したが、そのうわさはとても根強く、消えることがありません。こ
うした歴史上の猫の名声は今ではほとんど忘れ去られていま
すが、毛色の違いによらず、どんな猫にも魔法を解いて家を清
浄に保ち、主人の病を身に引き受ける力が備わっています。一
方、その家に住むことになっている人を悪魔や悪霊から守るた
め、建物の土台や壁に猫を生きたまま閉じこめるなどという残
虐きわまりない風習があったのも事実です……。

Je suis Colocolo, le pimpant porte-veine,
La bête noire de la guigne et de la déveine,
Celui qui, pour vous, rêve un sort toujours meilleur,
Enfin un vrai fétiche et un porte-bonheur.

Colocolo
Porte-Bonheur

コウノトリ
CIGOGNE

煙突の上に巣をつくるコウノトリのつがいは、
家の住人に幸せをもたらします。

その年初めて見たコウノトリは吉兆です。巣にいるところを
見かけたのであれば、その人は子宝に恵まれ、飛んでいるとこ
ろを見かけたのであれば、商売が繁盛するでしょう。ルーマニ
ア人は、煙突の上を住まいに定めたコウノトリが、落雷や火
災、泥棒の被害から建物を守ってくれるといいます。コウノトリ
に災害を予知する能力があることは一般に広く知られています
が、実際、鳥の行動を信頼することで報われた人がいます。

452年、包囲中のイタリア・アクイレイアから撤退寸前だった
アッティラは、1羽のコウノトリが塔の上にある巣から逃げ出すと
ころを目にします。街の壁が倒壊することを確信したフン族の
王は、一転、攻撃を継続する作戦に出て、予感どおり街の攻略
にみごと成功。部隊を引き連れ、武力によって入城を果たしま
した。いわば、コウノトリのおかげで勝利を手にしたというわけ
です。

アングロ・サクソン人にとって、コウノトリはまったく別の流儀
で戦闘を勝利に導いてくれます。コウノトリがひな鳥を襲う猛
禽類をとことん打ちのめしたのち、戦士は勝った鳥を殺して心
臓を取り出します。負けた鳥から剥ぎとった皮膚で臓器を包
み、そこに「敵に勝利したからだ」と刻んだのです。これをおま
もりとして左腕につけた兵士は、思いのままに力を行使し、死
に至ることはないそうです。

鍵
CLÉ

イタリアの子どもはみな、銀製の鍵を身につけていて、
そのおかげでひきつけを免れているそうです。

知識を象徴し、開け閉めをつかさどる鍵は、ローマ神話の神
ヤヌスと、天国の門の番人である聖ペテロのアトリビュート。好
ましくない訪問者を退けて、家や都市の出入り口を守ります。
鍵を加護の象徴とみる考え方は、世界各地で認められます。

中世、長い旅に出るパリの人は、カルチエ・ラタンにあるサ
ン・セヴラン教会に立ち寄って、門に馬の蹄鉄をひとつ打ちつ
けます。すると司祭が、火にかざしたサン・マルタン礼拝堂の鍵
で旅人の馬に焼き印を押します。こうして旅人は、聖人のご加
護を得て、平穏な心で旅に出ることができたのでした。

一般に、危険な状況に対処するときには、宝石箱の鍵をペン
ダントにして首から下げました。右手の中指で鍵に触れるだけ
で、問題は無事解決したのだそうです。時計の鎖などにつける
鍵の形をした銀製の小さな飾りは、キーホルダーにつけるか首
から掛ければ、嫉妬からその人を守ってくれ、計画を成功に導
くといわれています。恋愛面では、恋人どうし小さな金の鍵を
交換すれば、恋愛感情がいつまでも長続きします。

Souvenir d'amitié.

鐘

CLOCHE

教会の鐘が鳴り響くと、魔女は乗っていたほうきから落ち、
悪魔は身動きができなくなります。

昔から、鐘の大小を問わず、その音には悪魔や不吉な存在
を退ける力があると考えられてきました。したがって、悪霊のせ
いで家人が病に伏せているときは、家に鐘がひとつあるとよい
と勧められます。しかし、効力を発揮するのは、神のご加護をも
たらすという教会の神聖な鐘のみです。教会で、司祭は決めら
れた時間に鐘を力いっぱい鳴らしてサタンを信奉する者を追い
出し、嵐や雹<rp>（</rp><rt>ひょう</rt><rp>）</rp>を孕んだ黒雲を退けます。また、14世紀ヨーロッ
パの黒死病のように伝染病が流行しているあいだは、鐘を鳴ら
して瘴気を追い払いました。もっと最近では、第二次世界大戦
中、オックスフォードの鐘が英国の街に爆弾が落ちるのを食い
止めていると、ドイツ人はひそかに信じていたものです。

いずれにしても、一般に信じられていることとは裏腹に、鐘を
鳴らして幸せを呼ぶのは教会の人に限りません。だれであろう
と、鐘を鳴らすことで福を伝えることができます。ポルトガルで
は、マリアという名の3人の処女が鐘のひもを歯で嚙んで9回
引っぱることで、親しい人の出産の無事を祈りました。

釘

CLOU

馬の蹄鉄からつくった釘、なかでも錆びた釘が
おまもりになることは広く知られています。

　先端が鋭く尖っていることから、家や農場の建物の扉に釘を
打ちつけておくと、呪いから守られるといわれます。地面に落ち
ていた釘は、台所のドアの木の 框 (かまち) に打ちます。それも、ノブが
あるほうの目の高さに金槌で4回叩き、そのあいだ「1回は幸運
のため、1回は健康のため、1回は愛情のため、1回はお金のた
め」と唱えなければなりません。棺から引き抜かれた釘は寝室
の敷居に打ちつけて、睡眠を妨げる幽霊や不吉な幻影が侵入
するのを防ぎました。さらに、仕事の成功と賭けで儲かることを
保証する指輪をつくるときにも、釘が使われています。また、第
一次世界大戦中、フランスと英国の兵士は、どこにでもある鉄
の釘を曲げて指輪をこしらえ、自分を守っていました。
　迷信深い人は、さまざまな目的で釘をおまもりにしていまし
た。十字架の形に釘を打てば、幸せと豊穣がもたらされます。
フランスのブルターニュ地方では、木靴の底に打った先の尖っ
た十字架は妖精を遠ざけ、釘で三角形をつくればお金に恵ま
れ、ハート形をつくれば娘たちが恋心を抱くのだそうです。

LES INSTRUMENTS
DE TRAVAIL

*Le Marteau
et les Clous*

テントウムシ
COCCINELLE

聖ヨハネの日にテントウムシを見ると、1年間、
歯の痛みに悩むことはありません。

「善き神の虫」と呼ばれるテントウムシは、長生きして天国に
行けることを約束するといわれています。体にテントウムシがと
まったら、飛び立つよう導いてください。天国に行ったテントウ
ムシが天使になって、助けてくれた人のためにエデンの園に場
所を用意してくれるからです。フランス南部のラングドック地方
では、親指の上までテントウムシがのぼってきたら、空へと飛び
立つ前に、チャンスが増えることを願って、「テントウムシよ、空
まで飛んでいけ。神さまがお呼びだ」と歌いました。テントウム
シが額にとまれば計画が成功する予兆、手の甲なら羽根にある
星の数と同じ月数のあいだ、幸せが続きます。

こうした信仰にもかかわらず、テントウムシを使ったおまじな
いは、ときとして昆虫に対する敬意を欠いていることがありまし
た。フランス中部のクルーズ県では、子どもたちがテントウムシ
を何匹もつなげて、おまもり代わりの首飾りにしていました。第
一次世界大戦以前に、テントウムシはおまもりのロケットのなか
に閉じこめられたものです。ベルギーのナミュールでは、だれが
テントウムシを身につけるか、兵士はくじを引いて決めていまし
た。19世紀末にはテントウムシをペンダントや指輪にしていま
したが、多くの場合、それはテントウムシに幸運を運んできても
らおうという期待のあらわれでした。

BON POINT

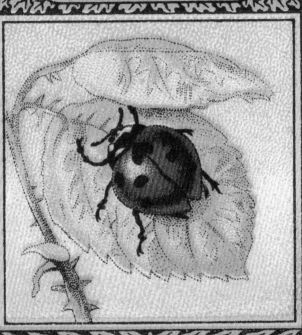

COCCINELLE A SEPT POINTS

豚

COCHON

―――――――――

繁殖サイクルが早い豚は、
投資の対象としてきわめて優秀でした。

　ヨーロッパと中国の人にとって豚は栄養と収入の 源 でした
から、幸福と繁栄に結びつけて考えられて当然です。そんなわ
けで、かつて、そして今もなお、豚はさまざまな理由でクリスマ
スや元日に欠かすことができません。ロシア人はレヴェイヨンで
豚を食べ、1年間、豊かに暮らせることを願いました。今日で
は、中国人も同様に豚を食し、ドイツ人は幸せを祈って、家族
や親戚にアーモンドペーストでつくった豚をプレゼントします。
とはいえ、年末年始以外でも、正しく行動すれば、年間を通じ
て豚は幸福を分け与えてくれるでしょう。

　1880年代の初め、フランス人の女性は裏に「おまもり」と刻
んだ豚のマスコットを時計の鎖やブレスレットにつけて幸運を
願ったものでした。イタリア人は子どもに豚の歯を持たせて、新
しい歯がすこやかに生え、人生で不幸な目に遭うことのないよ
う祈りました。

　不思議なことに、この動物の人を守るはたらきは、豚を不浄
とみなす国でも健在です。なんでも、豚のネガティブなイメージ
はあらゆる形の悪を吸収してくれるそう。トルクメニスタンの部
族の女性は、豚の歯を三角形の布にくるんでケープの上に巻
き、悪運を拒みます。また、モロッコ人によると、豚の歯はけが
を早く治してくれるそうです。

―――――――――

Prosit Neujahr!

珊瑚
CORAIL

神話では、海に落ちたメドゥーサの血から
赤い珊瑚が生まれたことになっています。

　いつの時代も、珊瑚は妬みや毒や魔女から人を守る強力な
おまもりでした。ガリア人は解毒と戦闘に勝利する力を珊瑚に
託しました。ギリシア人の船乗りたちは、航行中、穏やかな天
候が続くことを願って、珊瑚のかけらをアザラシの皮に包んで
マストに固定していました。両シチリア王国フェルディナンド1世
（在位：1816-1825）は、珊瑚を肌身離さず持ち歩いていて、
呪術師が迫っていることを感じると、それを振り上げたそうで
す。当時のイタリア人はみな、珊瑚の護符としての力に絶大なる
信頼を寄せていました。母親が赤ちゃんの首に珊瑚の小片を
掛けてやることもあれば、すりつぶして飲ませることもありまし
た。とりわけ、シチリア人が好んだのは手の形をした珊瑚で、
魔除けとして愛用されていました。

　珊瑚でつくったガラガラと首飾りは、幼い子どもの歯の痛み
を和らげ、健康を保ちます。とりわけ、珊瑚は赤ちゃんの欲しい
女性、夫婦間の愛情を永遠に保ちたいと願う女性の強い味方
で、効果は抜群です。そのほか、珊瑚には持ち主が理性をとり
戻し、智慧の道を歩むよう導く力があり、極端な場合では、人
を殺そうとするのを引き止めるそうです。

Au fond de la mer.

Corail rouge.

首吊り縄

CORDE DE PENDU

その忌まわしい評判にもかかわらず、
どういうわけか首吊り縄はチャンスを招くとされています。

　死を招く道具が強力なおまもりになるなんて、なんとも不思議なことです……。その背景には、次のような伝説があるのかもしれません。

　1479年、フランス国王ルイ11世の果樹園から果物をひとつ盗んだ農民が絞首刑になります。悲嘆にくれた父親が亡骸を引き取り、麻の縄を煙突に掛けておいたところ、翌朝、驚いたことに首吊り縄が金に変わっているではありませんか。まさに、悲劇のあとに幸運が訪れた例です……。

　迷信深い人は、実際に人を死に至らしめた縄に効果があると信じていました。首吊り縄はめったに見つからず、かつ欲しがる人が多いことから、死刑執行人はそれを売って大金を得ていたそうです。英国では、必要に迫られた死者の家族がやむなく新聞広告を出すケースがありました。あらゆる類の危険を遠ざけ、ビジネスでもギャンブルでも確実に運を引き寄せるといわれていたからです。宝くじに当たるには、左手に縄をつかんで数字を選ぶとよいのだとか。

LA PUNITION.

つばを吐く
CRACHER

商人は、その日最初の稼ぎで得た硬貨の1枚につばを吐いて、
売上がさらに増えることを願いました。

　　古代、つばを吐くことは神への奉納だとみなされ、お返しとして恩恵を賜ることができました。

　　こうした信仰は時が経つにつれて、数々の迷信に変わります。たとえば、これからの人生で災いや魔女の魔法に屈することのないように、赤ちゃんの額につばを吐くことがありますが、この慣習はいくつもの国で共通しています。他方、大人は服や右足の靴につばを3回吐くことで呪いを退け、身を守りました。また、魔法使いとすれ違ったと思ったら、地面につばを吐く人もいました。同じ発想で、不吉な言葉や、逆にあまりにお気楽な言葉に接したときは、不幸を祓うために必ず地面に3回つばを吐かなければなりません。

　　もうひとつ、よくみられる行動は、近いうちに何かいいことがあるように願って、体の一部やものにつばを吐きかけることです。英国では、漁で使う餌につばを吐くと、手ぶらで港に帰ることはないといわれました。ボクサーやレスラーはもっと強くなるため、四六時中、手や手袋につばを吐きますが、ほかのスポーツ選手はボールなどが正確な軌跡を描いて飛ぶように願って、投げる直前に同じことをします。

L'homme du jour : le Poilu.

ヒ キ ガ エ ル
CRAPAUD

ヒキガエルの頭に生じるとされるヒキガエル石は、
幸運を呼ぶおまもりです。

　ヒキガエルは魔女や悪魔と結びつけて考えられがちですが、
ヨーロッパの一部ではポジティブに捉えられており、道の途中で
ヒキガエルに遭遇すると、幸せが訪れます。英国で、結婚式の
ため教会に向かう花嫁が、道の途中にヒキガエルがいないかと
期待するのは、それが愛情に満ちた結婚生活を予兆している
からです。

　ベルギー人にとって、家にいるヒキガエルは幸運を意味しま
す。それに関してはシチリア人も同意見で、必要とあらば捕ま
えて、家に閉じこめてしまいます。ヒキガエルは、そこで日々の
パンとワインを与えられ、かわいがってもらったものですが、ヒキ
ガエルの仲間がこんなに歓迎されることはめったにありません。

　実は、幸運を呼ぶ生きものとして定着した地位の陰には、さ
まざまな迫害の事実がありました。鼠が来ないよう建造中の船
の骨組みに釘で打ちつけられる、歯のトラブルに悩まされるこ
とがないよう殺されてポケットに入れられる、悪魔祓い用に干さ
れて家に吊るされる、飛んできた鳥が収穫を台なしにしないよ
う畑に移動させられる……、といった具合です。

MON PREMIER BAIN

クレープ

CRÊPES

1枚めに焼いたクレープをクローゼットの上に置いて
次の年まで取っておくと、家の住人は幸運に恵まれます。

クレープは、ラッキーアイテムに必要なものをすべて兼ね備えています。黄金色の丸い形は太陽を思わせ、材料の小麦、牛乳、塩、卵は幸せのシンボルです。クレープを焼いて食べれば、このうえない幸運に恵まれるでしょう。

フランスには、クレープを食べることになっている日があります。毎年2月2日の「聖燭祭」と呼ばれるカトリック教徒の祝日と、「謝肉の火曜日」と呼ばれる2月3日から3月9日のあいだの移動祝日です。これらの日に幸せのおやつを食べると、1年間お金に困ることはなく、場合によっては裕福な生活を送れます。また、農民たちはクレープを食べれば畑の小麦を病気から守り、豊作になると考えていました。しかし、繁栄を手にするには、いくつかのしきたりを忠実に守らなければなりません。たとえば、1枚めのクレープは金貨または紙幣を左手で握って、上に高く放り投げて焼くこと。そのあと、焼きあがったクレープにお金を巻いて、家族のなかでいちばん年長者の寝室に運び、クローゼットの上に置いておくのです。そのほか、元日にクレープを焼くと、家計の心配をする必要はありません。12月8日にクレープを食べると小麦が豊かに実り、「キリスト昇天祭」の日（復活祭の40日後）に食べると1年間、蛇に嚙まれることはないのだそうです。

LA CRÈPE TENTATRICE

水 晶
CRISTAL

この透き通った鉱石は、
比類のない純粋さのシンボルになりました。

　昔の人は、透明で光を通す水晶にその恩恵が象徴されていると考えていました。身につけていれば、この石のように明晰で、慧眼を持つ人になれるでしょう。

　フランス北部では、悪夢にうなされたり、夜の精に睡眠をじゃまされたり、頭痛になったりすることを防ぐ効果があるといわれています。ヒンズー教徒によれば、この鉱物は泥棒や、虎などの野生動物を遠ざけるのだそうです。これもインドの話ですが、天然の水晶を持っていると神々や高位聖職者から厚遇されるそうで、このメリットは見過ごせません。また、恋人に失望されて愛情を失った人は、右手の小指に水晶の指輪をはめれば、赦しを得て、ふたたび愛しあうようになります。

　天然の水晶の玉には、とりわけ高い価値がありました。ケルトのドルイド僧は、水晶を「蛇の石」と呼び、おまもりとして首に掛けていました。19世紀末には水晶の価格が高騰し、水晶2粒と半ヘクタールの土地を交換した人がいたそうです。

LE CRISTAL

10

十字架
CROIX

ベッドに入る前に十字を切ると、
悪い夢を見ません。

十字架はキリスト教と分かちがたく結びついていることから、悪魔に限らず、不吉な存在を追い払うと考えられています。たとえば、玄関のドアに十字架を掲げておけば、魔女は家の前を素通りします。また、ベッドの四隅に十字架をひとつずつ取りつければ、追い出された小鬼が寝室に戻ることはなく、ぐっすりと眠れます。

十字架は宗教上のシンボルですが、効力はその領域内に限りません。十字架はあらゆる形の不幸を遠ざけ、幸運を呼び寄せるといいます。そんなわけで、暖炉の上に描けば火災を防ぎ、家畜小屋にチョークで描けばバターの生産量が増えるでしょう。

身を守るために十字を切るのは、かつてはカトリック教徒におなじみのジェスチャーでした。しかし、実際のところ、必ずしも宗教だけではなく、十字架は多くの文化で聖なるシンボルとされています。人びとは十字を切ることで幸先の良いスタートを切って、その日一日不幸な目に遭わずにすむと考えたのです。モロッコ、アルジェリア、チュニジアの人は、道の途中で不吉な人に遭遇しないように十字を切りました。

Ceux qui sèment dans les larmes
moissonneront dans l'allégresse

ダイヤモンド
DIAMANT

宝石の女王と呼ばれるダイヤモンドは、
永遠の愛を約束します。

アングロ・サクソン人は、ダイヤモンドが輝いているのは石の
なかに閉じこめられた神のオーラによると説明していました。つ
まり、それをアクセサリーにして身につけることは、神から祝福
を授かることを意味したのです。4月にダイヤモンドを贈られた
ら、チャンスが倍増し、とりわけ裁判で無実の罪を晴らすときに
助けてくれるでしょう。

その比類のない純粋さゆえに、ダイヤモンドは世界共通のお
まもりで、病気や妖術から身を守る無敵の盾になります。また、
「和解の石」とも呼ばれ、怒りを収め、恐れや憂いから来る緊
張を和らげます。その輝きで持ち主は自信を取りもどし、口に
含むと嘘がつけなくなり、右腕につけると悪夢や事故や災いを
遠ざけてくれるでしょう。

しかし、ダイヤモンドがその力を何よりも発揮するのは愛情
面です。婚約指輪にすれば、調和のとれた真の結びつきを約
束し、女性に勇気を与えてくれます。未来の夫は、妻に対して
公平に接してくれるはず。結婚60周年は「ダイヤモンド婚」と
呼ばれ、変わらぬ愛のあかしです。

EL DIAMANTE — LE DIAMANT — THE DIAMOND

エーデルワイス

EDELWEISS

エーデルワイスは「永遠に咲く雪の花」。
山の頂に咲くため、この花を摘むのには危険を伴います。

　純白のエーデルワイスは純潔のシンボル。ほとんど手の届かない難所に咲く貴重なこの花は、星の形や、太陽の光から身を守る綿毛などが人びとから愛され、19世紀末には幸せを呼ぶ花と呼ばれるようになりました。

　オーストリアの兵士は、この花を身につけていれば、刀剣や敵の銃弾から守られると信じていました。しかし、次のようなしきたりを忠実に守る必要がありました。満月の金曜日の晩、花を摘んだら白い布にくるんで、1頭のロバと1頭の牛に踏んでもらうのです。一方、スイス南部のヴァレー州では、この花には周囲の人に何かいいことをしようと思っている人の姿を見えなくする力があると考えられていました。しかし、こうした効果があるからといって、「銀の星」と呼ばれる花を自分のために買うのは危険です。病気をはじめとするさまざまな不幸に襲われるおそれがあり、それを阻む唯一の手段は、人からエーデルワイスの花を贈ってもらう以外にないのですから。

　過去にアルプスを訪れた観光客や登山家は、この花を思い出として持ち帰りたいと願いました。数千本ものエーデルワイスが引き抜かれ、フランス、英国、アメリカの公園や個人の庭に移植されました。こうした採取が相次いだため、「アルプスのバラ」ことエーデルワイスは絶滅の危機に直面し、今日では限られた生育地で保護されています。

象

ÉLÉPHANT

アフリカの人が遊んでいる象を見て喜ぶのは、
この動物が幸せを運んでくるからです。

　象は権力と繁栄の象徴で、アジアの国々では王侯の乗りも
のでした。象の頭を持つヒンズー教の神ガネーシャは、智慧と
知識の象徴。幸運をもたらし、加護を与え、障害を取り除いて
くれます。そのため、カンボジアやラオスの人は、象を所有して
いればどんな計画でも成功に至ると考えていました。

　象のなかでも白い象は大変めずらしく、おまもりとしての効力
は絶大です。タイでは、市井の人びとに繁栄をもたらす一方、
君主や王子にとっては国の最強の切り札で、戦いで勝利を収
め、平和を維持するためのおまもりでした。さらに、象の尾の長
い毛を編んでこしらえたブレスレットは、すべての人に豊穣と幸
福を保証します。アフリカの人も、同様のアクセサリーを身につ
けて、土地が肥沃になることを祈ります。

　灰色の象は白い象に比べるといくらか効力が劣るようです
が、尊敬されていることに変わりはありません。象を描いたもの
はすべて、何かしらご利益があります。家の門に彫刻を設置す
ると悪霊が寄りつかず、幸運が舞いこみますが、象が鼻を高く
挙げていることが条件です。同じように、鼻を持ち上げた象の
下げ飾りを時計や鎖につけておくと、選択を誤ることはありませ
ん。

L'Éléphant bonne d'enfant.

エメラルド
ÉMERAUDE

エメラルドは特に愛情面で幸せを招くといわれる宝石ですが、
中世には地獄と結びつけて考えられていました。

　その緑の色は、再生の春を彷彿させる希望の象徴です。古
代、エメラルドには再生する力があり、よって不老不死を可能に
すると信じられていました。中世になると、エメラルドは堕天使
ルシファーや黄泉の国と関係があるとされ、善と悪の両方のイ
メージを兼ね備えるようになります。しかし、等しく死ぬ運命に
ある凡人を怖がらせるどころか、その出自が逆に切り札に。す
なわち、悪魔について知り尽くしているがゆえに、闘いで相対
すればまちがいなく勝利を収めることができるのです。
　幸いにもこの宝石を手に入れ、身につけていると、ほかにも
いいことがあるでしょう。持ち主を陽気に、ダイナミックに、そし
て穏やかな心持ちにし、そのうえ知識と智慧を授けてくれま
す。さらに、エメラルドは恋愛面でも力を発揮し、恋心をめざめ
させ、長続きするよう育みます。5月にこんな宝石を贈られた
ら、奥方に対する夫の愛情は疑いえません。もし宝石に蛙が彫
られていたら、けんかをしても仲直りできます。また、エメラルド
は失くしものを見つけるときに助けてくれるでしょう。

L'EMERAUDE

流れ星
ÉTOILE FILANTE

地球に流れ星が落ちるとき、
赤ちゃんに魂が宿ります。

　空に星が流れるのを見たときに願いを唱える風習は、昔から
ずっとあったわけではありません。それどころか、かつては、流れ
星の明るく輝く尾のせいで飢餓に見舞われるとか、戦争が勃発
するとか、ペストがはやる、とうわさされ、人びとは大変恐れた
ものでした。つかの間、天空を渡るこの星が人びとの願いと結
びつくようになるまでには、何世紀もの歳月を要したのです。

　希望を必ず聞き届けてもらうには、流れ星が消えてしまう前
に願いごとをしなければなりません。もし、3回唱えることがで
きたら、年内に実現するでしょう。偶然でもだいじょうぶ。願い
ごとをしていて、それから空に目を上げたら、たまたま流れ星を
見つけた場合でも、願いごとはちゃんと叶います。

　とはいえ、なかには希望を正確に伝えて、ものごとをきちんと
把握しておきたいと思う人もいるでしょう。フランスのニエーヴ
ルの人は、自分たちの最大の欠点を克服できるように、この方
法で神に願ったそうですが、ヴォージュの人はそんなことにいっこ
う関心がありません。空に流れ星を見つけたら、すぐさまこう言
うでしょう――「パリ、メス、トゥール」*。そうすれば、ドラゴンが
ダイヤモンドを持ってきてくれるからです。

* いずれもフランスの都市の名

Joyeux Noël.

糞
EXCRÉMENTS

ギリシア人は、教会の鐘楼でコウモリの糞を集めて、
それをおまもりにしていました。

　道を歩いている途中で糞を踏んづけたら、運良くお金が手に
入る予兆だということはだれもが知っています。この恩恵に浴
すことができるのは、左足で踏んだときだけだという人もいま
す。家の前に残された動物の排出物も幸運のしるしとみなされ
るのは、それが住まいを守り、家族に幸運をもたらすといわれて
いるからです。なかには、こうした効能を心の底から信じて、通
りがかる馬の糞を家の前で集めては、せっせとなかに運びこん
でいた人もいました。

　アムステルダムでは、動物の糞を玄関のドアの後ろに置い
て、呪いを遠ざける習慣がありました。フランス南西部のジロン
ド県では、犬が店先で糞をたれると、商人は喜びました。ズボ
ンのポケットを叩きながら犬をみつめ、その日のうちにお金が
入ってくるよう願ったものです。

　理由は異なりますが、鳥の糞でも同じように幸運に恵まれる
でしょう。たとえば、鷺の糞は女性に子どもを授けてくれます。
中世、妻の貞節を確実にしたい夫は、山羊の糞を混ぜた揚げ
菓子を妻に気づかれないようにして食べさせたといいます。片
や、妻のほうでは夫を魅了するため、かつての若さを取りもどし
たいと願うときには、トカゲの糞からつくったクリームを顔に塗
りたくっていました。

蹄鉄

FER À CHEVAL

馬の蹄鉄を見つけたら、1年間、
幸運が続きます。

ある人にとって、馬の蹄鉄は幸運のシンボルである三日月を
彷彿させます。また、悪意のある影響を押しもどす角のイメー
ジを見る人もいます。

カトリック教徒にとって蹄鉄といえば、その形がキリスト
（Christ）の「C」の字に似ていることから、天空、すなわち天国
を思い起こさせるようです。蹄鉄に関連するすべてのイメージ
が一体となって、このラッキーアイテムを最強のおまもりの地位
にまで押し上げました。多くの場合、家の扉に（ときにはブルガ
リアのように、公衆トイレのドアまで）開口部を上に向けて打
ちつけ、悪魔や呪術師や幽霊を追い返します。イングランド南
西のデヴォンの炭鉱では、入り口の上のほうに掲げて、崩壊の
リスクやその他の危険を未然に防ぎました。スコットランドで
は、船乗りたちが嵐の回避を祈って蹄鉄をマストに、フランスの
ブルターニュ地方では、落雷を防ぐ目的で舳先に固定していま
した。

蹄鉄の効力は、1月1日に道で発見したときにもっとも強力に
発揮されますが、まだ釘が残っていて、見つけたときに開口部が
自分のほうを向いていたら、幸運は1年を通じて維持されま
す。そんなとき、アメリカ人は絶好のチャンスが訪れたと思い、
願いごとを唱えて左の肩ごしに蹄鉄を放り投げるのだそうで
す。

1

Janvier

Bonne Année

鉄

FER

ブリテン諸島では、木よりも鉄に触れるほうが
悪運を追い払うのに効果的です。

堅牢なこの金属を打って火花を散らすと、不吉な存在の目が
くらみ、危険な魔法を無に帰することができたといいます。見た
目にはわからなくても、その効果は変わりません。ですから、藁
ぶとんの下に鉄製のオブジェを隠したり、入り口付近に埋めて
おいたりしても、悪魔や魔女を遠ざけることができました。ま
た、鉄の先が細くて尖っていれば効力は倍増するでしょう。

出産時に、鉄製のおまもりを女性のベッドに入れておくと、生
まれてくる赤ちゃんを妖精が自分の子と取り替えようとするのを
防いでくれます。インド・マラバール地方の部族も、同じ方法で
悪魔を祓います。伝統的に、鉄片を持ち歩いていれば、幽霊や
災いや悪夢を恐れる必要はありません。鉄の十字架を鶏小屋
もしくはミツバチの巣箱に釘で打ちつけておけば、家禽や蜂を
雷から守ることができます。

このような庇護をもたらすだけではなく、鉄は幸運を招くこと
でも知られています。錬鉄製のブレスレットは、年若い花嫁に
赤ちゃんを授けてくれるでしょう。20世紀、主としてアフリカ西
部のギニアに住むキシ族は、先が平らになった鉄の棒を使って
繁栄を願っていました。

LE FER

聖ヨハネの火祭り
FEU DE LA SAINT-JEAN

炎、煙、灰、熾火〔おきび〕……、
すべてはこの魔法の火のために！

　もとは異教の慣習である聖ヨハネの火祭りは、1年でもっとも昼が長い6月21日の夏至の日に祝われ、闇に対する光の勝利を象徴していました。教会がこの祝祭をキリスト教化し、6月24日を祝日とする洗礼者ヨハネと結びつけるようにしたのです。それにもかかわらず、何世紀もの時代を超えて、さまざまな信仰が今でも根強く残っています。

　伝統的に、聖ヨハネの薪に火をつけると、集まった人びとは輪をつくり、願いごとが叶って健康に暮らせるように、焚火のまわりで踊ります。このほか、さまざまなしきたりが燃え上がる炎と関係しています。赤ちゃんの幸せを願う母親は子どもを腕に抱き、炎の周囲を3回まわったものです。火祭りでは、燃え盛る炎を飛び越える行事が欠かせませんが、これは年内の結婚を予告し、おできができたり悪運に見舞われたりするのを予防しました。その年、お金が不足しないようにしたければ、硬貨を1枚火に投げ入れたのち、灰が冷えてから拾って、以降、常に持ち歩くことです。別のご利益として、焚火の煙をくぐらせた植物か松明の名残りを室内に置いても、火災や落雷による被害を防いでくれました。焚火のあとの灰は、畑や庭に撒きます。肥料として最適であるのに加え、害獣や雹、病気や悪運を退けてくれたからです。

Us et coutumes dans les Alpes.

Le saut du feu de la St Jean.

Stilfserjoch.

泉

FONTAINES

伝承を読むと、泉はもともと聖人、妖精、巨人と
かかわりが深いことがわかります。

　世界各地に点在する病気を治す効果のある泉や、有名なブ
ロセリアンドの森の奥深くにある若返りの泉のほか、数多くの
水源が幸運を呼ぶといわれています。もっとも有名なのが、イタ
リア・トレヴィの泉でしょう。訪れた観光客は、肩ごしに硬貨を
2枚投げ入れます。伝承によると、1枚めでこの街にふたたびも
どってくること、2枚めはその人の望みが叶うことを約束してくれ
るそうです。

　泉に硬貨を投げ入れると、ほかにもたくさんいいことがありま
す。特に効果があるのが愛情面で、フランスのドゥ＝セーヴル
県では、結婚を夢見る女性にニオールの泉に硬貨を投げ入れ
るよう勧めたものです。ブルゴーニュ地方では、失恋に悲しむ
女性があかつき時にトゥシィの泉に行き、お金とチーズ（!）を投
げ入れることがありました。魔法がはたらくには、だれにも姿を
見られることなく、ひざまずいて「泉よ、わたしの不幸をあげる
から、あなたの幸せをわたしにおくれ」と唱えなければならない
といいます。

　そのほか、泉と結びつきの強いテーマに出産が挙げられま
す。スコットランドの高地地方では、子どもが欲しい妻たちを新
婦の泉に連れて行き、そのために選ばれた未婚の女性が足を
洗ってあげたのだそうです。それから、パンの切れはしをいくつ
か泉に投げ入れ、将来生まれてくる子どもが何不足なく生きて
いけるように祈りました。

FONTAINE DE LOUIS XII, A BLOIS (Loir-et-C.)

コオロギ

GRILLON

「善き神の仔馬」と呼ばれるコオロギは、美しい声で鳴く音楽家。
家を守る役割も果たしています。

　　ブルターニュ地方の人がよく言うおまじない「コオロギさん、
うちにおいで、唄をうたって、幸せを分けておくれ」からもわかる
ように、かつてコオロギは幸福を呼ぶ虫とみなされ、家のなか
に招き入れたものです。コオロギが頼まれたとおり家に入り、
暖炉のなかで鳴いてくれたら、この場所に魔法使いはいないと
いうしるしで、住人はとても喜びました。反対に、コオロギの機
嫌が悪くて家に来てくれない場合は、捕まえて虫かごに閉じこ
めたのでした。

　　西洋では、今日、こうした伝統はすたれてしまいましたが、中
国では今も健在で、コオロギはその鳴き声で家族を陽気にしま
す。とりわけこの虫は、不幸の狩人として差し押さえに来た執
行吏や魔術師の努力を無に帰すとみなされ、鳴き声が聞こえた
だけでも吉兆です。なにしろ、コオロギの唄は、近いうちに良い
ことがある（大切な人の訪問がある、お金が手に入る……）とい
うお告げなのですから。フランスのベリーやジロンドなどの地方
では、ルイ金貨が手に入るとまでいわれていました。ジュラ地方
の農民は、小麦を市場に売りに行く日をコオロギに訊ね、虫が
鳴いたら売りに行き、鳴かなかったらその日はやめにすると聞い
たことがあります。思わず微笑んでしまうようなエピソードです
が、実際、コオロギのおかげで商売はうまくいったのだそうで
す。

FABLES DE FLORIAN

LE GRILLON

ヤドリギ
GUI

ヤドリギが、ケルトのドルイド僧にとって聖なる植物だったことは、ヨーロッパでよく知られています。

　　ドルイド僧は、冬のさなかでも緑を絶やさないヤドリギを生命力の象徴だと考えていました。力と智慧のシンボルであるオークの木に生えたとき、この植物はすばらしい価値を発揮します。冬至の日にヤドリギを収穫するときは、木を痛めないように、ていねいに扱います。金の斧で枝を切り落とし、神聖な植物が地面に触れる前に、木の下に広げた白い敷布で受け止めたのです。その場にいる人は、ヤドリギの一部を家に持ち帰ることができました。

　　さまざまな効能のあるヤドリギは、昔から多くの国で大切にされてきました。ゲルマン民族の戦士は、ヤドリギの加護を得れば無敵だと信じていましたし、イングランドの見習い水夫は、クリスマスの夜、ヤドリギの枝をおまもりとして船のマストに固定していました。一般に、この植物は不幸や呪いや洪水を遠ざけるとされ、収穫に害が及ばないよう、汽車が脱線しないよう守ってくれます。特に、新年には欠かすことができません。かつてブルターニュ地方では、無一文になった人が家をまわって、お祝いのことばとともにヤドリギをひと枝贈り、代わりに食べるものを受けとっていました。12月31日のレヴェイヨンのとき、クリスマス前に刈りとったヤドリギの下でキスをすると、永遠に結ばれるといわれています。その場合、1月6日の夜に枝を燃やすのを忘れてはいけません。さもないと、たちまちけんかが始まるでしょう。

LA CUEILLETTE
DU GUI

La cueillette du Gui, plante venerée
des Celtes, donnait lieu a des cere-
monies célébrées par leurs prêtres
appeles Druides. Les Solennites
etaient toujours suivies de Sacrifices.

タツノオトシゴ

HIPPOCAMPE

別名「海馬」と呼ばれるタツノオトシゴは、
今日なお、中国では薬剤として用いられています。

馬の頭を持つこの魚は、直立した姿勢で泳ぐ特性があります。この驚くべき泳ぎ方は、人を魅了してやみません。

昔から薬として利用され、先祖は干したタツノオトシゴで病気を予防していました。フランス・ニースの漁師たちが、頭痛に悩まされないよう、この魚を縁なし帽につけていたのもその例です。中国では、催淫効果があるとして今も珍重されています。

また、タツノオトシゴは不運を退け、幸運を招くと考えられています。イタリア人はタツノオトシゴを釣り鐘型のガラスケースに入れ、赤い糸を結んで室内に置いていました。そうすることで、家族全員しっかりと守ってもらえたのです。さらに、干したタツノオトシゴは辻馬車を引く馬を守り、乳母の胸元に忍ばせておけば、お乳が出なくなる心配はありません。地中海の船乗りは、この魚か、それをかたどったものを身につけて、航海の無事を祈りました。

このようにして大量に捕獲されていたタツノオトシゴですが、その後、形を模した七宝や陶器が出回るようになり、絶滅の危機を救われました。

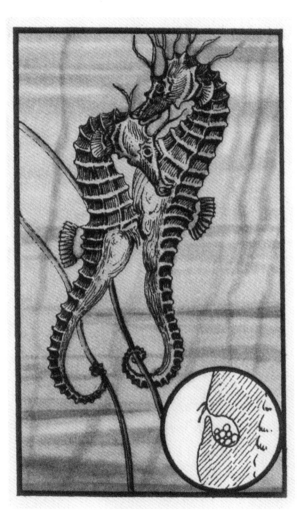

ツバメ

HIRONDELLE

「天国の鳥」として親しまれているツバメは、春の訪れを告げ、
あらゆるタイプの幸せを呼び寄せます。

家や農場の建物の軒先に、ツバメが巣をつくった人は幸いな
るかな！ 火事や落雷に見舞われる心配はなく、幸運が約束さ
れるでしょう。ツバメの巣から羽根を何本か頂戴して身につけ
れば、効果はさらに高まります。南仏プロヴァンス地方の人は、
所有地内にツバメの巣を見つけると、隣人や友人を招いて瑞
兆を祝ったものです。

すべての人の家でツバメが巣づくりをしてくれるわけではあ
りませんが、だれもが試すことのできる方法があります。たとえ
ば、1860年ごろ、天のご加護を願うパリの人は、捕獲されたツ
バメを買いとって、空に放してやりました。それとは別に、その
年、初めてツバメを見かけたら、地面に仰向けになるという方
法もあります。そうすることで、歯や座骨の痛みを防ぐことがで
きるらしいのです。

単に賭けで儲けるにしろ、もっと誠実な心情によるにしろ、ツ
バメの心臓を取り出して身につけることがかつてありました。今
日、ツバメは保護鳥に指定され、そのような不幸は免れていま
す……。愛する人から想われない不幸な人は、ツバメの巣に9
日間入れておいた指輪を最愛の人に贈ってみてはいかがでしょ
う？ 必ずや、効果があるはずです。

Légère Hirondelle
envole-toi
vers elle.

ヒイラギ

HOUX

———————————

ヒイラギにはトゲがありますが、
装飾に用いるだけでなく、護ってもらうこともできます。

昔からクリスマスが近づくと家にヒイラギを飾るのが常ですが、それは家族で楽しいクリスマスを祝うことができるからです。しかし、それには12月24日以前に木を採ってきて、1月6日の公現祭以降は家の外に出さなければなりません。さもないと、不幸が家族を襲います！

ローマ人は、農業の豊饒をつかさどる神サトゥルヌスの祭りのとき、おまもり代わりにヒイラギの枝を親戚にプレゼントしていました。ヒイラギの下でキスをして良き年になるように祈ると、いちばん大切な願いが叶うでしょう。また、ヒイラギの木やトゲのある葉は落雷を避け、病を知らせ、邪悪な魔法を無に帰する力を秘めていました。ベルギーの荷車引きの馬方は、ヒイラギの釘を車に打って、不運が降りかからないようにしました。

今日、フランス西部のヴァンデ県の人は、結婚式の前日、新郎新婦の両親の家の前にヒイラギの低木を植えます。これは、結婚式を告知するためですが、呪いを解くためでもあります。かつて牛飼いは、ヒイラギの枝で先導することで牛を事故から守ることができると信じていました。スコットランドでは、鬱に陥ったり、悪夢に悩まされたりすることなく眠れるように、ベッドの近くにヒイラギの小枝を置きました。さらにこの植物は、明け方に2本の枝を手折ると、宝物が見つかり、お金持ちにしてくれるそうです！

翡翠
ひ　すい

JADE

翡翠は、中国で聖なる石とみなされ、
大切にされています。

アジアの国々では、家に翡翠があるとだれもが善良で寛容になり、家族の平和が保たれるといわれています。和解を 公 に
おおやけ
したいとき、日本では友情のしるしに翡翠を贈りました。中国の人は緑の翡翠に心からの敬愛の念を抱いており、権力、智慧、完璧の象徴として崇めていました。翡翠を粉にして、米と露をベースにした飲みものに混ぜると、静謐な心持ちになったものです。心を静める翡翠の効能は西洋諸国でも認められます。手に握るか、そのかけらをみつめるだけで、いらだった人の精神を即座に静め、加えて正直者にすることさえできるでしょう。

一般に、この貴石は賭けごとやビジネス、裁判で運をもたらすとされています。ニュージーランドのマオリ族は、翡翠をペンダントにして首から掛けますが、それというのも長生きできるからだそうです。白翡翠はおまもりとして特に重宝されていますが、緑の翡翠であっても評価の高さに変わりはありません。

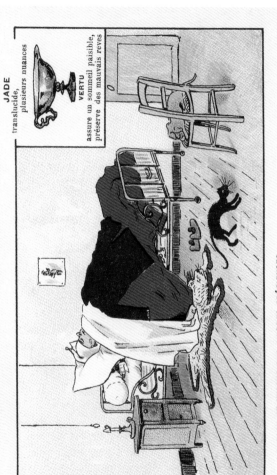

JADE
translucide,
plusieurs nuances

VERTU
assure un sommeil paisible,
préserve des mauvais rêves

LANGAGE ET VERTUS DES PIERRES PRÉCIEUSES.

ミルク
LAIT

滋養に富んだこの飲みものは、
不老不死の霊薬と考えられていました。

かつてミルクがどのように使われていたか調べてみると、滋養豊富なだけではないことがわかります。牝羊の乳を吸収することで、子どもは仔羊のように穏やかでやさしい子に育ちますが、山羊の乳の場合は、元の動物に似て淫らな人になります。モロッコのいくつかの部族では、花嫁にミルクを振りかけて幸福を祈願しました。この液体には、ほかにも人びとを護る力があります。たとえば、黒い牝牛のミルクは落雷によって生じた火災を消し止める効果があります。また、魔法が効力を発揮するように、アメリカ人には硬貨で体をこする風習がありましたが、そのとき沸かしたミルクを上から数滴垂らし、フォークでかき混ぜるのだそうです。

ただし、どんな方法を用いようと、5月1日に絞ったミルクとその魔法に太刀打ちできるものはありません。20世紀初め、多くの農民がまさにこの日、次のような方法で自主的にミルクを提供したものでした。農場でいちばん年上の女性が、ブドウの蔓<ruby>蔓<rt>つる</rt></ruby>をミルクに浸したものを吸ったのち、「この1年、ここにいるすべての人に幸福が訪れますように」と呪文を唱えます。すると、そこに居合わせた人はこの幸せのミルクを飲むことができました。儀式を執りおこなった年配の女性は、ブドウの蔓を大切にとっておき、おまもりにしたのだそうです。

PERRETTE ET LE POT AU LAIT.

Et qui m'empêchera de mettre en notre étable,
Vu le prix dont il est, une vache et son veau....

トカゲ
LÉZARD

トカゲの尾は、切ってもすぐにまた生えてくることから、
まるで魔法のようだと讃えられました。

春の日に姿を見せ、太陽の光を浴びてのんびりとくつろぐ姿
から、トカゲは光のイメージと結びつけられ、人に好感を抱かせ
ます。いくつかの国では、人びとを蛇から守り、もし眠っていると
ころに蛇が近づいてきたら、迷わずその人を起こしてくれると信
じられています。必要とあれば、突然の侵入者を攻撃すること
もあるそうです。プロヴァンス地方の人は、その代わりトカゲに
塩を1粒やりました。モロッコの人は、トカゲの尾をペンダント
にして首に掛け、蛇から身を守っていました。

トカゲの尾は、もろもろの役に立つおまもりです。フランス・
ジロンド県の学校の生徒は、授業を理解し、良い成績がとれる
ように、トカゲの尾をポケットに入れていました。大人もポケット
にしっぽを入れていますが、それは魔術師や泥棒を除けるため
でした。ラングドック地方では、靴のなかに入れて、偶然にお金
が見つかることを期待しました。

そうとは知らず、トカゲの尾を身につけていても効果はありま
す。徴兵くじを引くとき、服の裏地に縫いつけておけば、良い数
字を当てて兵役を免れることができました。大西洋に面する
サーブル・ドロンヌの漁師は、大漁祈願のためズボンに入れて
いました。さらに、おがくずのいっぱい入った箱にトカゲを1匹
入れておくと、宝くじの当選番号をそこに書き残してくれます。

BON POINT

LÉZARD OCELLÉ

狼

LOUP

早朝に群れからはぐれた狼を見かけると、
フランスのヴォージュ県では幸運が訪れるといわれています。

狼はそのパワーとスピードで人を恐れさせますが、同時に感嘆もさせます。狼が残した足跡からは数々の迷信が生まれ、その結果、絶え間なく追いまわされることになりました。狼を仕留めると、人間は死体を引きずっていって、解体後、内臓を取り出しておまもりをこしらえたものです。頭についても同様で、家の入り口に飾って、肉食の獣や魔女や悪魔を追い払うのに使いました。アメリカ人も同じことをしましたが、それはチャンスを引き寄せるためで、ときにはぐっすり眠れるよう枕の下に狼の頭を置くこともありました。

狼は、夫婦の貞操にも貢献します。片や、夫は狼の脊柱から採った骨髄を妻に、他方、妻は左足の骨髄を夫に食べさせていました。新婚のカップルの場合は、幸せな結婚生活が長く続くよう、玄関のドアか、もしくはドアノブだけでも狼の脂を塗ることを勧められました。

そのほか、子どもに関連する信仰もあります。たとえば、子どもが初めてはく靴を狼の革でつくり、健康で強い子に育つことを願いました。歯茎に狼の鋭い歯をこすりつければ、歯並びを良くすると同時に、呪いや恐怖心を押しのけることができるでしょう。

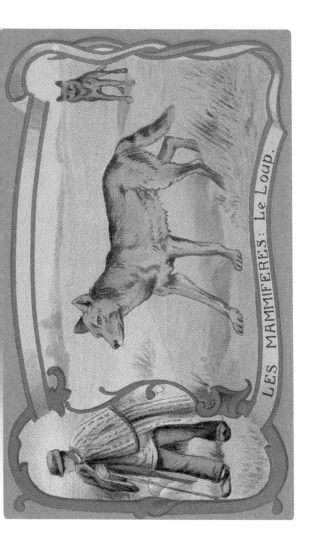

LES MAMMIFÈRES : Le Loup.

クワガタムシ

LUCANE

フランスでは、クワガタムシを「空飛ぶ鹿」*と呼んでいます。
オスの大きな顎が、鹿の角を思わせるからです。

　　かつて、この甲虫のオスの頭は強力なおまもりでした。1週間、野犬の攻撃や狂犬病、伝染性の皮膚病を防いでくれたのです。身につけていれば、魔女も疫病神もこの強力な盾には太刀打ちできません。エジプト人は子どもの縁なし帽かターバンに、フランス、なかでもシェール県の農民は、19世紀まで仕事着につけていました。

　　しかし、クワガタムシの頭部のすばらしい効能はそれだけにとどまりません。昔から、この昆虫の頭を帽子に留めたり、ポケットに入れておいたりすれば、宝くじやルーレットなどの賭けで勝つことができ、繁栄と完璧な幸せが保証されるそうです。また、本人が知らなくても、徴兵くじの前に服の裏地に縫いつけておけば良い番号を引き当てて、兵役を免れることができます。そのうえ、1年間暮らしていくのにじゅうぶんなお金が手に入ります。

* フランス語で、凧の意

LES INSECTES NUISIBLES
à Détruire

1. Lucanus cervus. 2 Stilbum calens

光

LUMIÈRE

不幸を追い払う慈悲深い光の効果は、
いくつもの文化圏で共通しています。

　英知の象徴である光は闇と戦い、悪霊と脅威をはね返します。かつて、生まれたばかりの赤ちゃんが悪魔や魔女や妖精に襲われることを恐れた両親は、自分たちの天使のそばで昼も夜もランプやロウソクの火を灯しつづけ、洗礼の日まで絶やすことはありませんでした。こんなふうに用心することで、神のご加護を祈ったのです。

　もうひとつ、人生の節目といえば結婚式が挙げられます。中央ヨーロッパでは、カバノキのトーチを手にした列席者が新郎新婦を新居まで見送りました。松明の火がふたりの生活を幸せにしてくれるのです。同様に、フランスのプロヴァンス地方では、初夜にひと晩じゅう明かりを灯しておくことを勧められました。

　死者の霊を弔う万聖節に、住まいを明るく照らすことにはまったく別の意味があります。すなわち、その晩、あたりを自由に飛びまわる亡霊やその他の不吉な存在を追い返し、しつこくつきまとわれないようにするためです。英国では、クリスマスイヴの夜、窓辺にロウソクを置くことで、1年を通じて家族が幸運に恵まれるといわれています。

L'ÉLECTRICITÉ

Pile au bichromate pour petits éclairages.

マンドラゴラ

MANDRAGORE

マンドラゴラの根は人間の形をしており、
愛好家にとってはいちばんのコレクションにちがいありません。

人形(ひとがた)のマンドラゴラの根には唯一無二の価値があり、無実
の罪で亡くなった人の処刑台の下に生えていたものがもっとも
珍重されました。この植物を地面から引き抜こうとすると断末
魔の叫びにも似た悲鳴をあげるので、犬を使って掘りだす必要
がありますが、この悲鳴のためにショック死しないよう犬の飼い
主は耳をふさいでいました。

そんな忌まわしい性質にもかかわらず、人びとはマンドラゴラ
を欲しがりました。その根には、いくつもの効能があったからです
（丸ごとが手に入らないときは、断片でもOK）。マンドラゴラを
所有する幸運な人はいかなる病、いかなる呪いからも守られ、
家が火災に遭うとか強盗に入られるなどの心配は無用です。
愛情面でもビジネス面でも成功はまちがいなしで、ひと晩、根
の下にデュカ金貨を置いておけばさらに増え、富と繁栄をあっ
という間に手にすることができました（ただし、この植物を入手
するには、とんでもない大金が必要ではありましたが）。

幸いにもマンドラゴラを手にすることのできた人は、毎週、そ
の根をミルクかワインに浸したのちに白または赤の絹に包ん
で、ふんわりと裏打ちされた宝石箱で休ませる必要がありま
す。こうした待遇に少しでも足りないものがあると、マンドラゴ
ラはたちまち悲鳴をあげて不幸をばらまき、最悪の場合は死に
至ったものでした。

LES PLANTES
MÉDICINALES

MANDRAGORE
GENRE DES SOLANÉES
MANDRAGORA

巨石

MÉGALITHES

表面の磨かれた大きな石は、
かつておこなわれていた儀式の記憶を宿しています。

ドルメンやメンヒルといった先史時代のモニュメントは、数世紀にわたり神の慈悲を請う対象でした。子どものできない女性は男根を想起させる形のメンヒルがチャンスを授けてくれると信じて、むきだしのお腹を石にこすりつけたものです。また、将来、夫となる人を探している若い女性は、穴の空いた硬貨、毛糸やリボンの切れはし、ピンなどのささやかな贈りものを石に捧げていました（ただし、石の上によじのぼった娘たちが地面まですべり落ちないように気をつけなければなりません）。同様のしきたりを、安産を願う妊婦もドルメンで実践していました。

巨石は子どもにもメリットがあるという評判です。フランスのオート＝ソーヌ県フヴァン＝サン＝タンドッシュでは、洗礼を受けたばかりの子どもが穴の空いた古い石を通り抜け、生涯、病に罹ることなく幸せに暮らせるよう願いました。別の地方でも、呪われた運命から若い人を守るべく、同様のしきたりがおこなわれていました。

世界じゅうで、巨石の下にはすばらしい宝物が埋まっていると言い伝えられています。宝物は空想上の存在によって護られ、死すべき運命にある凡人にはクリスマスのような限られた1日、限られた数分ないしは数秒のあいだしかアクセスすることができません。

TRANSPORT EN BRETAGNE

スズラン

MUGUET

この繊細で愛らしい花は、
味方にも敵にもなるおまもりです。

　歴史上、5月1日にスズランを贈る慣習の始まりは、1560年までさかのぼる必要があります。その時代、ルイ・ド・ジラールという名の騎士が釣り鐘型の花を束にして、幸運を祈って若きシャルル9世に贈ったと伝えられています。それに心を動かされたフランス国王は、以降、スズランの花を同じ日に宮廷の女性に贈ることに。王は農民にもスズランの花束を贈ったのですが、残念なことに困窮していた農民は食用だと思いこみ、毒にあたって死亡する人が相次いだそうで……。それを考えると、スズランの花を贈る風習が長く続かなかったのも理解できるでしょう。そののち、20世紀初めに大々的な復活を果たしたのは、パリの偉大なるデザイナーとそこではたらくお針子さんたちのおかげでした。迷信好きで有名なクリスチャン・ディオールはスズランの花を大変愛し、毎回ファッションショーの前にスズランを1輪、作品の裾に常にすべりこませていました。

　スズランに対する人びとの愛着を反映して、フランスの宝くじ運営会社が開催する春の特別抽選会では、この花で飾られた券が発行されました。おまもりとしての役割をまっとうするには、1本の茎に13の花がついていて、5月1日の前にも後にも贈ってはならないとされています。それというのも、スズランの情け深いご利益が悪意あるものに逆転するおそれがあるからです。

Au printemps.

ネネットとランタンタン
NÉNETTE ET RINTINTIN

プールボの想像力から誕生したネネットとランタンタンは、第一次世界大戦中、人びとからとても愛されたキャラクターです。

1913年、フランスのイラストレーターのフランシスク・プールボは、ネネットとランタンタンという夫婦の陶器製人形を創造し、1917年に大成功を収めます。当時、ランタンタンは青と赤の毛糸、夫のネネットは黄色の毛糸というように、子ども、妻、戦時代母*は間に合わせのもので複製した、このつましい人形を前線で戦っている兵士や、ドイツの爆撃で被災した市民に贈りました。実際、この毛糸のマリオネットを手首に掛けたり、上着の裏に縫いつけたり、ポケットに入れたりすることで銃弾や砲弾の破片から逸れると人びとは考えたのでした。しかし、人形はプレゼントされるか交換するかのいずれかに限られ、そうでないと魔法は効きません。

また、ネネットとランタンタンは共同体のシンボルで、毛糸で結わえられた人形は、敵に対してフランス人に団結を促しているようにも見えました。人気絶頂のころは、前線に贈る絵はがきにも多数描かれましたし、ドイツの爆撃機が落としてゆく爆弾を、この夫婦がいかにして逃れたかを語る唄もありました。ネネットとランタンタンに対する崇拝は3か月しか続きませんでしたが、その強烈さには忘れられないものがあります。

* 前線で戦う兵士に見舞い品を送り、世話をする女性

NÉNETTE
& RINTINTIN
PORTENT
BONHEUR

新 年
NOUVEL AN

1月1日に新しい服をおろすと、1年間、
気持ちよく過ごすことができるでしょう。

　新しい年に移行するこの時期は再生のシンボル。今日なお、
幸運と繁栄を願う行事が数多くおこなわれています。

　たとえば、新年のご挨拶もそのひとつ。17世紀まで、フラン
ス人はこの時期に家族や親戚の家まで直接出向いて、幸せを
祈願するのがならわしでした。若い人たちにとっては、村の家々
をまわって、ささやかな贈りものとともに年頭の挨拶をし、代わ
りにお年玉をもらう機会でもありました。

　とはいえ、外からの助けがなくても、1月1日の夜にチャンスを
呼び寄せることは可能です。時計が夜中の12時を打つ音にあ
わせて、干しブドウをひと粒ずつ食べると願いが叶います。さら
に、スペイン北東部カタローニャ地方の人がよくしているよう
に、その晩、赤い服を着ていれば呪いは無効になるでしょう。
年の初めと同じように年の終わりを迎えるのが基本ですから、
12月31日のレヴェイヨンにはごちそうを食べることをお勧めし
ます。料理が盛られた皿の数が多ければ多いほど、繁栄が期
待できるでしょう。同じ発想で、その晩は楽しく過ごして、戸棚
には食料品をたっぷりと蓄え、お財布をいっぱいにしておくこと
も重要です！

Bonne Année

目
ŒIL

トルコでは、3人続けて青い目の人に出会うと、
まちがいなく幸運が訪れます。

　悪意のある人から不吉な目で見られると困ったことが次々に
起こると、多くの国でいわれていますので、心配にならざるをえ
ません。世界じゅうに分布する民間伝承のひとつで、悪意を
持って睨みつけることにより、相手に呪いをかける魔力を「邪
視」といいます。トルコ人は、ナザール・ボンジュウ（nazar
boncuk）という青いガラスでつくった目玉を、木や家や着てい
る服、車のバックミラーなどに掛けて、呪いから身を守っていま
す。目玉にひびが入ったら、不幸を追い払う効力が発揮された
ということなので、すぐに取り替えます。

　他方、古代エジプトでは、ホルスの目（またはウジャトの目）と
呼ばれる護符が一般に用いられていました。横から見たこの目
は、鷹の頭を持つホルス神のもので、神話によると、所有地か
ら無理やり引き離されたのち、智慧の神トートによって復権を
果たしたと伝えられています。こうした超自然の再生の物語を
通じて、ホルスの目は病気や妬み、悪霊、蛇などから人を守る
力を獲得し、危険を避ける目的で墓や家の門のくぼみ、船の舳
先に描かれるようになりました。エジプト人に始まるこの風習
は、その後、地中海沿岸全体に広まります。日本人も、川に棲
息する超自然の存在を見張るため、小舟の前部に目の絵を描
いていたそうです。

卵
ŒUFS

家の土台に卵を並べておくと、
何かいいことがあるでしょう。

生命とその誕生にかかわる卵は、赤ちゃんに加護をもたらす
儀式でよく使われました。フランスの大半の地方に、赤ちゃんの
すこやかな成長を願って卵をひとつ贈る風習があります。卵に
は、また別の価値も認められます。ギリシア人は、長生きするよ
うに卵の殻で赤ちゃんの頬をこすり、アルバニア人は、疫病神
を遠ざけるために子どもの顔の上で卵を割っていました。

一般に、家禽が産んだ卵を割る行為は、幸せを呼ぶと考え
られています。イエメンでは、家の住人を嫉妬から守るには、
家の前で卵を割るとよいとされました。しかし、幸運を呼び寄
せるには、アメリカ人がしているように、その季節の最初または
最後に鶏が産んだ卵を肩ごしに放り投げる必要があります。な
かでも、聖金曜日*に産んだ卵は無敵です。魔術師が引き起こ
した雹の被害を免れ、家の火災を消し止めるといわれていま
す。さらに、その日採れた卵を食べると、1年間、熱が出ること
はないでしょう。

* エルサレム入城の日曜日から復活祭の前日までの1週間のうち、キリス
　トが磔刑に処された金曜日

金
OR

この金属に触れるだけで、
確実に幸せになれるといわれています。

　その純粋さといい輝きといい、金は比類のないおまもりでした。抽出したものを呑みこめば、若さと美しさが手に入り、さらに不死さえ夢ではないと信じられていたほどです！　けがや病気を防ぐ力があるともいわれていました。17世紀のヨーロッパ、特に英国で恐ろしいペストが流行したとき、限られた数のお金持ちは、伝染病に対する抵抗力があると信じて、金貨を1枚、口に含んでいたものです。第一次世界大戦中は、銃弾が心臓からそれるように、軍服の左側に金でつくられたものを身につけたフランスの兵隊もいました。

　このおまもりの効力はほかにもあります。ドイツ人によると金には防腐作用があるそうで、その風評を信じてフランス人兵士は、捕虜になった場合に備え、金貨を1枚身につけていたといいます。傷を負ったとき、おそらく敵は治癒するものとみなし、手足を切断するのではなく手当を施すほうを選んでくれるのでないかと期待したのです……。

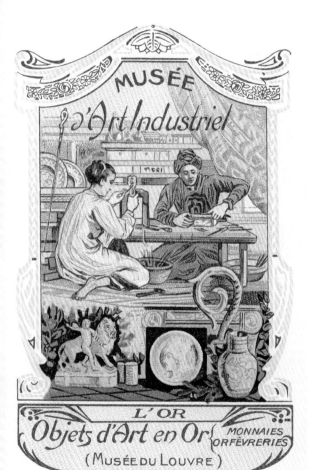

MUSÉE
d'Art Industriel

L'OR
Objets d'Art en Or MONNAIES ORFÈVRERIES
(Musée du Louvre)

骨
OS

鳥類の竜骨は「勝利の骨」と呼ばれ、
幸運を賭けて競うゲームで用いられてきました。

翼を動かす胸筋が付着する鳥の竜骨は、蹄鉄のような形を
していることから、幸運と結びつけられてきました。慣習では、
ふたりの人がそれぞれ願いごとを唱えたのち、竜骨が折れるま
で上から引っぱります。一連の流れがスムーズに進むために
は、テーブルにつき、左側に対戦相手がいなくてはなりません。
また、それぞれの参加者は、ひとりは右手、もうひとりは左手と
いうように、異なる側の手でゲームに参加する必要があります。最後に、いちばん大きな骨を手にしていた人は大喜びで
す。なぜなら、自分の願いが叶うのですから。ただし、このルー
ルには例外があります。米国テネシー州のルールは真逆で、い
ちばん小さい骨を手にした人の願いが実現します。また、フラ
ンスのメーヌ＝エ＝ロワール県でも、いちばん小さい骨を取っ
た女性がいちばん早く婚礼を挙げるとされていました。

このように、あちこちで引っぱりだこの竜骨ですが、ほかの動
物の骨にも効能があります。ルーマニアではコウモリの骨が幸
福をもたらすおまもりでしたが、モロッコではイカの骨が悪運を
祓うのに最強のようです。先史時代には、人間の骨を使ってさ
まざまなおまもりがつくられていました。今日なお、ベンガル湾
のアンダマン諸島民をはじめとするいくつかの部族では、病気
を避けるため、亡くなった近親者の骨でこしらえた首飾りを掛
けています。

LA PLUS GRANDE GROTTE.

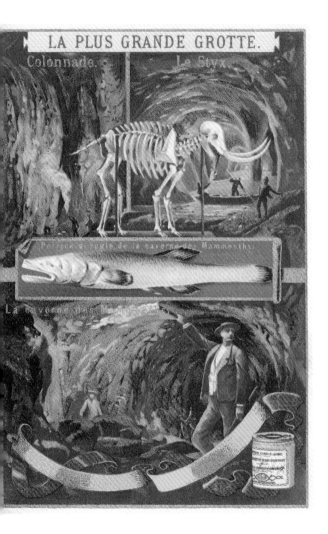

Colonnade.

Le Styx

Poisson aveugle de la caverne des Mammonths.

La ...

熊
OURS

熊が9歩進むあいだ、その背にまたがっていることができれば、
9つの病を免れることができるでしょう。

　屈強な力ゆえに恐れられると同時に崇拝もされている熊は、
長いあいだ狩猟のおまもりでした。鉄器時代にさかのぼるフィ
ンランドの墓から発見されたおまもりは、熊の爪と歯でできてい
ます。また、北米の先住民は熊の鼻づらを真珠の飾り箱にはめ
て、猛禽や猛獣を追い払っていました。

　熊の足は人間の手のように器用にできており、かつては呪物
崇拝の対象でした。シベリアの人は、熊の足を玄関に置いて悪
霊を遠ざけていましたし、フランスのピレネー地方では、第二
次世界大戦のころまで、行商人が熊の足を売り歩いていまし
た。サーカスの熊使いは、この動物にまつわる迷信をうまく利
用して人を集めていました。子どもには、飼いならした熊にまた
がれば病気が治ると言い、また、年齢にかかわりなく、すべての
人に恐怖心を克服できると言ったのです。さらに、力が強く毛む
くじゃらの熊は男らしいたくましさのシンボルと見られているこ
とから、女性には、この動物の背によじのぼれば子どもができる
と言って期待を持たせたのでした。

　東ヨーロッパのモルドバの人にとって、熊は豊かな土地の象
徴。1月1日には、熊を連れた男がやって来て熊を踊らせ、幸福
と健康と豊作を約束しました。今日では、熊の恰好をした人間
が代わりにダンスを踊っています。

LE MONTREUR D'OURS

パン
PAIN

毎日の主食であるパンは、
神からの贈りものだと考えられています。

　できたてでも、少し固くなっていても、白くても、黒くても、か
びが生えていても、パンはわたしたちを幸せにしてくれます。ポ
ケットにパンの耳をすべりこませておくだけで、チャンスが訪れる
ことからもそれは明らかです。家の下にパンを置いておけば幽
霊は逃げ出し、出産間近の女性のベッドに入れておけば、生ま
れてくる赤ちゃんを妖精が自分の子と取り替えに来るのを防ぎ
ます。

　パンを使って、小さな子どもを護る儀式はたくさんあります。
たとえば、フランス・ブルターニュ地方の洗礼式では、子どもの
首にひと切れの黒パンを掛けてやります。そうすると、すでにこ
の子には不幸がとりついているから、これ以上は必要ないと魔
法使いが思ってくれるのだとか。プロヴァンス地方では、かびの
生えたパンを平気で子どもにやります。そのおかげで道に落ち
ている硬貨を見つけるチャンスが増えるからだそうです。小さ
な子にとっても大人にとっても、パンは良いものです。旅行に出
るときは、念のため家から少しパンを持っていくこと。これは、
途中で事故が起こって行程が狂わないようにするためです。

　クリスマスのパンは、前日焼いたものでも、当日焼いたもので
も、いちばんのおまもりであることに変わりはありません。悪天
候から家を、さまざまな危険や病気から家の住人を守って、幸
福にしてくれるでしょう。

LE BLÉ — Le bon Pain

ウサギの足
PATTE DE LAPIN

フランスではウサギの足をマスコットにして販売しており、かなりの売上にのぼりますが、アメリカではさらに人気です。

　もとはといえば、野生のウサギの足がマスコットとして人気があったのです。けれども、家畜として飼われるウサギのほうが簡単に手に入るうえ、よく似ていてまちがわれることも多いため、ウサギの足は幸福を招くという信仰を受け継ぐことになりました（特に、左の白い足が好まれました）。とはいえ、このラッキーチャームの効果を最大限に引き出すには、いくつか条件があるようです。たとえば、13日の金曜日または聖金曜日の夜にウサギを殺すという人がいます。

　ウサギの足は、事故を避けるため、キーホルダーにつけたり車のバックミラーに掛けたりすることもあります。また、ウサギの足を持っていると儲けが大きいとされていることから、カジノなどの賭博師にとても人気があります。ゆりかごの上に吊り下げておくと赤ちゃんを不幸から守ってくれますし、伝統的にウサギの足は泥棒や強盗を護り、捕まるおそれはないといわれています。ベルトに掛けたり、ポケットに入れたりしておけば、申し分のない戦利品を持ち帰ることができるのです。

The hunter's charm is
the rabbit's foot,
But the huntress fair
charms with a look.

硬貨

PIÈCE DE MONNAIE

多くの国で、とりわけ妖術を阻む方法として
硬貨が役に立っています。

　たしかに小銭は、ひと束のお札のような夢を見させてはくれません。それでも……。

　1枚の硬貨は、たとえその価値はわずかであっても、お金と幸運を引き寄せると世界各地で信じられています。お財布を新調したら、硬貨を1枚入れておきましょう。それだけで、お金に困ることはないとされています。家の土台に置いておけば、その家に住むことになっている人に繁栄をもたらし、生まれたばかりの赤ちゃんを初めて入れる産湯に投げ入れれば、幸福が得られます。新婦の靴に入れた硬貨は呪いを退け、だれかへのプレゼントにまぎれこませた硬貨は、おまもりになります。また、船乗りは波間に硬貨を投げ入れて水の精のご加護と航海の無事を祈願し、商人はその日いちばんに売れた製品で得た硬貨につばを吐きかけ、売上の倍増を願ったものです。たまたま曲がった硬貨を見つけたときは喜んでください。まとまった金額のお金が入ります。かつてよく見られた穴開きの5サンチーム硬貨は、賭博師が好んでおまもりにしています。

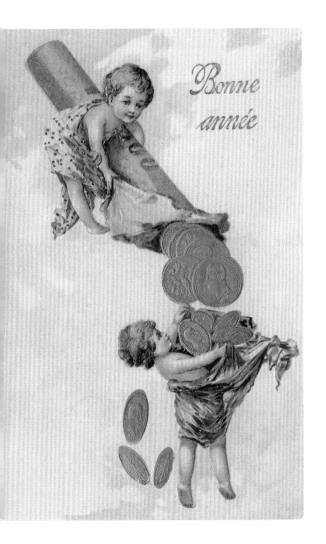

Bonne
année

魚

POISSON

4月1日に、チョコレート製の魚を
おまもり代わりに贈る習慣は19世紀に生まれました。

大量の卵を産むことから、魚には豊饒さのイメージがあります。確実に子どもができるように、フランス人やベルベル人の新婦は、新居の敷居に置いた魚をまたいで家に入ることがありました。トゥーレーヌ地方では、新居に引っ越すとき、住んでいた家に死んだ魚を残していかなければならないとされていました。このような犠牲を払うことで、その年、住人のだれかが亡くなるのを防ぐことができたからです。

魚が加護をもたらすという効能は、わたしたちが考えているよりもずっと広範に信じられています。イングランド東部、グレート・ヤーマスの漁師は、おまもりとして魚の骨を持たずに海に出ることはけっしてありませんでした。アフリカ東海岸のザンジバルでは、発光する魚を家のドアに留め、夜間に訪れる魔術師や悪霊を遠ざけています。

魚は庇護者としての役割を果たす以外に、お金を引き寄せる力も強いようです。お財布に魚の鱗を入れておけば、申し分ありません！ ロマンスでその目的を遂げたいときは、魚をかたどった飾りを時計などの鎖につけておくのが理想的です。お友だちをびっくりさせたいなら、幸福を象徴する入れ墨入りの魚はいかがでしょう。数年前に中国で導入されたこの試みは、幸福を招くと評判です。

Par le retour
du courrier
Au pêcheur,
envoyez un
baiser

赤いポンポン
POMPON ROUGE

気づかれないように、そっと赤いポンポンに
触れるだけで幸運がやってきます。

　　船上で危険から身を守るのに、フランス海軍の水兵は帽子
についた赤いポンポンを頼りにしていたといいます。なんでも、
船の天井は低いので頭をぶつけたときのショックが和らぐよう
に、海軍兵たちはポンポンのついた水平帽を被っていたのだと
か。それよりもずっとたしかなのは、もとはニット帽だったこの被
りものの最終工程の仕上げがポンポンだったということです。
伝承によると、フランス皇帝ナポレオン3世の皇后ウジェニー
が、船内の歩廊で頭を天井にぶつけた水兵のためにネッカチー
フを贈ったのが始まりだともいわれています。

　　いずれにしろ、帽子のポンポンに触れ、とりわけそのあと水兵
にキスをすれば、続く24時間のうちに幸運を手にできることに
ついては、だれも異論がないでしょう。左手の人差し指でそっと
触れれば、さらに大きな幸運に恵まれます。最後になりますが、
同じ日に3つの異なるポンポンに触れることのできた人には、3
週間、幸福が続くということです。

MARIN à la veille d'avoir son CONGÉ,
demande place, de préférence, pour RESTER
DANS SES HABITUDES, chez quelqu'un faisant
partie de la POPULATION FLOTTANTE de PARIS.

煙突掃除人
RAMONEUR

元日に煙突掃除人とすれ違うと、その年、
いいことがあるというしるしです。

　あるとき、イギリスの王さまが乗っていた馬が暴走しました。
幸いにも煙突掃除人が助けに来てくれたのですが、騎乗の王
がお礼を言う間もなく立ち去ります。それでもその掃除人に感
謝の意を伝えたいと思った王さまは、挨拶に出向くよう家来に
申しつけました。しかし、煤で汚れた煙突掃除人の顔を知って
いるものがいなかったため、人びとは煙突掃除人を見ると、それ
がだれであっても敬意を表するようになったということです。こ
のようにして、ヨーロッパとアメリカで煙突掃除人は恩恵を施す
人とみなされるように。ドイツでは、掃除人の黒く汚れた上着
に触れて、煤で自分を少し汚すように勧められたものです。

　遠くからでも煙突掃除人に挨拶をすれば、幸運を招くことが
できます。この迷信は、結婚式でも健在です。ミサが終わって
退出するとき、煙突掃除人とすれ違った花嫁がキスまたは握手
をするのは(ときには、お金を払ってそのための掃除人を雇うこ
ともありました)、幸せになれるからです。生涯、煙突のなかで
過ごすよりも、教会の前で待機してお金を稼ぐほうが儲かると
考える人もいました。

　煙突掃除人は1月1日に追加の収入がもらえました。1年の
初め、掃除人たちは幸福のシンボルである子豚を連れて、あち
こちの通りを歩きます。通りがかりの人は、小銭を払って子豚
の毛を引っぱりながら願いをかけたものでした。

RAMONEUR

ルビー
RUBIS

古代、幸せのシンボルだったルビーは、
いくつもの価値を兼ね備えています。

　ルビーにはおまもりとしての価値がいくつもあり、なかでも薬用の効能が有名です。この貴石を身につけていれば、発熱やペストをはじめとするさまざまな病気を免れ、力とエネルギーに満ちあふれた人になれるといいます。また、気を滅入らせる考えや自殺願望を追い払い、陽気で明るい人にもしてくれるそうです。昔から、ルビーには自己肯定感を高める作用があり、勇気を与え、人から敬意を持って遇されるといわれてきました。真実の愛を支え、恋愛で挫折しても早く立ち直ることができるでしょう。子どもが溺れたり、大人が敵から突然攻撃されたりするような事態に陥ることも避けられます。

　このようにルビーが持つ効能のリストを書き連ねてきましたが、この宝石の力はそれだけではありません！　なかに結晶の混じっている石で、その形が蛇や蜘蛛を連想させる場合、これらの生きものが寄ってくることはありません。畑や果樹園を嵐や寄生虫の被害から守りたいときは、あらかじめルビーを持った人がその土地の四隅を訪れておくとよいでしょう。お金持ちになりたいときは、石に竜の姿を刻むだけでその願いが叶うそうです。

PIERRES PRÉCIEUSES. — Chercheurs de corindons.

Corindon précieux.

Saphir.

Rubis.

猪

SANGLIER

伝統的に、夜に猪を見ると
縁起がいいといわれています。

　ヨーロッパにキリスト教が定着して、猪に悪魔のイメージを植
えつける以前、この動物は崇拝の対象でした。

　フランスのブルターニュ地方では大地の女神とみなされ、ス
カンジナビア諸国では豊饒の神フレイの車を引いていたといい
ます。日本人は、勇気の象徴として猪のあり余る力とエネル
ギーに敬意を表し、アルジェリア人も同様に、胸繋に猪の牙を
つけて、馬が何ものをも恐れることなく走るようにしていまし
た。この動物の歯には家から悪霊を追い払う効力があるため、
ガリア人はそれでおまもりをこしらえて大切にし、また、ブロン
ズの台にはめて下げ飾りにもしていました。イタリアでは歯を
首飾りにして子どもの首に掛けていましたが、これは猪の歯が
白くて硬いため、じょうぶな永久歯が生えてくることを願っての
こと。北アフリカには、生きている猪が近くにいるだけで不幸を
遠ざけることができると信じている国がありました。20世紀の
初めには、家畜の群れまたは家畜小屋に猪を入れて、悪霊や
呪いを追い払っていました。サハラ砂漠に住む遊牧民族の一
部は、猪の仔を「幸せの父」と呼んでかわいがっていたもので
す。

Le Sanglier

スカラベ
SCARABÉE

窓から家のなかに入ってきたスカラベは、
幸運が訪れることを告げています。

古代エジプトで崇拝されていたスカラベは、毎朝、生まれ変わる太陽の不死の象徴です。聖なる昆虫スカラベをかたどった宝石「心臓スカラベ」を、ミイラの体で生命をつかさどる胸の位置に置いたのはそのためです。平均3.5〜8cmの大きさの貴石には象形文字による呪文が刻まれており、死者を擁護することで、速やかに来世に至ることができたのでした。エジプト人がスカラベをかたどったものを日常的に身につけていたのは、幸運を願ってのことです。

スカラベに特有の行動から、別の迷信が生まれました。この甲虫が牛糞を球にしてそこに産卵することは、ご存じの方も多いでしょう。昔、スカラベはオスしかいないと信じられ、男らしさの象徴でした。そこから、最初にエジプトで、次いで紀元後にギリシアで、戦士がスカラベを彫った鉄の指輪をはめる習慣が生まれます。鎧のような堅い羽と勇敢さから、スカラベは兵士を守ると同時に、それを見れば祖国を守る義務が思い出されると考えたにちがいありません。19世紀末のパリでは、忠誠のシンボルとして、下げ飾りにしたスカラベを時計や腕輪につけることが流行しました。現在でも、スカラベの表象は事故や殺人による非業の死を防ぎ、長寿を保証すると考えられています。

THEODOSIA
EUTRACHELUS
(Archipel Malais)

塩
SEL

かつては、洗礼前の赤ちゃんに塩を振りかけて
呪いから守っていました。

　腐敗を防ぎ、食品を保存するのに用いられることから、塩は
純粋な魂の象徴で、魔術師や悪魔のような不吉な存在から人
びとを守ると考えられていました。そのようなわけで、かつてカ
トリック教会では、洗礼を受けた子どもの舌に数粒の塩を載せ
たものです。スペインのカスティーリャ地方とアンダルシア地方
では、子どもの幸福はその塩の量に関係しているとされまし
た。司祭が寛大であればあるほど、その子にはより良い将来が
待っているというわけです。しかし、スペインに限らずヨーロッパ
のどこの国でも、子どもの幸せを願う両親はそれでは足らず、
塩の入った小さな袋を我が子の首に掛けてやりました。子ども
に害を及ぼそうとする魔女は、悪いことをする前に袋のなかの
塩の粒を数えなければならず、難儀な務めで時間もかかるため、
魔女の魔法は次第に衰えてゆき、しまいには無害なものに
なるのです。

　また、塩は結婚式にも使われました。新郎新婦はそれぞれ塩
を数粒身につけて、この晴れの日にふたりにかけられるかもし
れない呪いを無効にします。英国では、式を挙げたふたりが塩
のいっぱい入った尿瓶の上を3回飛び越えたのち、それを家に
持ち帰る習慣があります。そうすれば、まったき幸福が得られる
というのです。

SEL ET POIVRE... GRAVE QUESTION.

蛇
SERPENT

自分の尾を噛んで輪になった蛇の装身具を身につけると、
ビジネスで成功できます。

　昔、みずから進んで家のなかに蛇が入ってきたら、とんでもな
いチャンスが訪れると信じている人びとがいました。プロシア人
とリトアニア人は、それぞれこの動物を神または家の精霊とみ
なしていたので、家にいる蛇のおかげで不幸や悲惨を免れるこ
とができると考えたのです。古代ギリシア人は、家の蛇に敬意
を表して祭壇に祀り、食事のたびに葡萄酒を献じていました。
民間伝承でも、家にいる蛇は住人に幸運を授けるといわれてい
ます。蛇を見るとぞっとするという人も、どうぞご安心ください。
抜け殻でもおまもりになります。この抜け殻に関しては、絶対に
破らないようにという人と、一部だけでもじゅうぶん効果がある
という人に分かれます。

　第一次世界大戦中、兵隊はポケットのなかに蛇の抜け殻を
入れ、前線に送られないよう祈りました。さらに、このおまもり
には呪いを祓い、賭けに勝つ効能もあります。家のなかで蛇の
抜け殻を見つけたとき、髪に飾れば幸運を招き、煙突に掛けて
おけば家が火事で焼けることはないといいます。

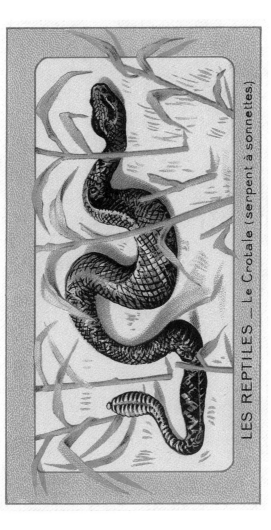

LES REPTILES —Le Crotale (serpent à sonnettes).

モグラ
TAUPE

スペインでは、呪いから身を守るため、
馬車の御者はモグラの足を必ず持っていました。

　民間伝承をひもとくと、モグラの効用がたくさん出てきます。モグラはその功績のいわば犠牲者で、生きたままバラバラにされるなど、ときとしてとんでもなく残酷な目に遭ってきました。

　フランスとアメリカでは、ウサギの足と同じようにモグラの足も幸せを呼ぶとされてきました。歯が生えはじめると子どもは痛みを我慢しなければなりませんが、それを和らげるために、モグラの四肢を縫いつけた赤い布の袋を首から下げたものです。また、前足の一方の足だけでも、生まれたばかりの赤ちゃんがひきつけを起こすのを防ぐことができました。ドイツの母親は、赤ちゃんがすやすやと眠れるように、モグラの足を1本ゆりかごのなかに入れていたそうです。また、モグラの皮を頭に貼ると、赤ちゃんが強く育つともいわれています。フランス中部のベリー地方に住む人は、モグラの骨を左の腋に挟んでおくと、呪いから守られると信じていました。

　また、モグラは賭けで強運をもたらすことでも知られています。ただし、そのためには以下のしきたりに忠実に従う必要がありました。モグラを殺したら、すべての骨を1本ずつバラバラにし、泉から流れ出している川の水に投げ入れるのです。水面に浮かんできた骨だけが、賭博師を勝たせてくれたそうです。

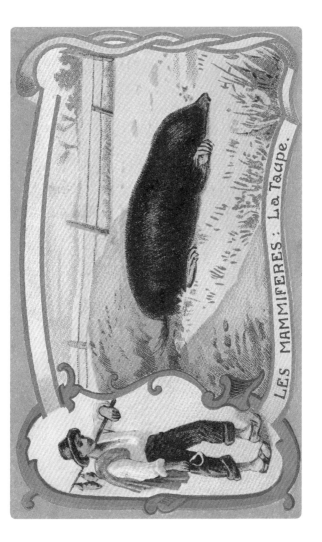

LES MAMMIFÈRES : La Taupe.

虎

TIGRE

1919年、パリの街では、
虎の足をラッキーチャームにすることが流行していました。

　虎の爪を身につけていると勇気が湧き、虎の耳は健康を、鎖骨は幸せをもたらすでしょう。伝承では、虎の歯であれば、さらにご利益が期待できるといわれています。獣の歯のおかげで幸運に恵まれ、事故に遭うこともなく、長い闘病生活のあとでも体には力がみなぎるはず。ネックレスにして首に掛ければ、不吉な出会いを避け、智慧と勇気を授かることができます。もともと虎には薬効があるとされ、こうした信仰のせいで不幸にも人間に追いまわされた結果、今日、虎は絶滅危惧種になってしまいました。

　しかし、この動物を危険に陥れることなく、その効力にあずかることは可能です。たとえば中国では、若者が虎を思わせる縁なし帽をかぶってパワーを得ています。日本では、手のひらに「虎」の字を書いて旅行中の危険を避けるのと同時に、虎を描いた絵を家に飾って、旅に出た人が無事帰ってくることを願いました。このように虎と旅の安全を結びつけて考えるのは、パキスタンやモロッコでも共通しています。これらの国で、虎の絵を描いたトラックやバスとすれ違うことはめずらしくありません。

LES MAMMIFÈRES : Le Tigre.

亀

TORTUE

19世紀末、亀をかたどった装身具が流行し、
人びとは先を争って求めたものです。

　亀は卵をたくさん産み、堅い甲羅を持ち、長生きをすること
から、豊饒と繁栄と防御という3つの価値を兼ね備えていても
当然でしょう。しかも、複数の国でそうなのです。こうした信仰
に基づいて、東洋の人は夫婦に亀を贈って、幸せが長続きする
ことを願いました。ベトナムには、幸運を招く目的で、剥製にし
た亀を家のなかに吊り下げておく習慣がありました。モザン
ビークの人は、生きている亀にまったく偶然に出会うととても喜
びます。その出会いは吉兆で、楽しい旅行を保証してくれるか
らです。他方、漁師や猟師は途中で亀を見かけたら、その日は
たくさん獲物が捕れると確信します。

　亀の持つ効力は、古代からすでに知られていました。雲がも
くもくと湧きあがって雹が降ってくることが予感されると、ローマ
人は右手にひっくり返した亀を載せ、ブドウ畑へ走っていったも
のです。畑では相変わらずひっくり返したままの状態で亀を地
面に置き、土を盛って動けなくします。こうすることで、黒雲は
強力な護符があると見て退散するのだそうです。

LA TORTUE

四つ葉のクローバー
TRÈFLE À QUATRE FEUILLES

自然が犯したこの過ちは、
西洋ではだれもが知っているラッキーチャームです。

　良心のかけらもない商売人がなんと言おうと、この幸運のおまもりはとてもめずらしく、見つけるのは大変です。商品として販売されている偽の四つ葉にだまされてはいけません。実際、売られているのは、シダ植物のデンジソウ（*Marsilea quadrifolia*）またはオキザリス・デッペイ（*Oxalis deppei*）で、よく似ていますが、マメ科のクローバー（シロツメクサ）とはなんの関係もないのです。

　このめずらしい植物を見つけたら、それはとても良いことが起こるという紛れもないしるしで、さまざまな効力が期待できます。四つ葉のクローバーは永遠の幸福と長寿を約束し、身につけていれば幽霊、魔術師、悪魔、いずれも恐れることはありません。歯で摘みとったものを想い人のポケットに入れることができれば、その人から愛され、年内に結婚できます。乾燥させて、お財布に入れれば臨時の収入があり、服につければ賭けでひと儲けできるかもしれません。かつて賭博師たちのなかには、このおまもりを絞首台の下で探した人がいました。それというのも、まさにその場所で、新月の晩、真夜中過ぎに四つ葉のクローバーを摘むことができれば、あらゆる賭けごとで大金が手に入るのはまちがいないといわれていたからです。お金儲けに目がくらんで最大限の幸運を得ようとする人は、受刑者の血か尿を数滴、クローバーの上に垂らしたものでした。

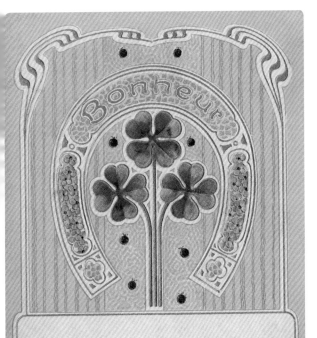

Bonheur

Voeux sincères!

13

TREIZE

13という数字を、幸運のしるしと見る人もいますが、
すべての人がそう考えているわけではありません。

一部の人にとって13は不吉な数字ですが、今日では吉兆と
みなす人のほうが多いようです。13日の金曜日に宝くじを買う
と、当選する確率が10倍になるといわれ、フランス宝くじ社はこ
の迷信に便乗して、13日の金曜日に特別な宝くじを販売してい
ます。ヨーロッパでは、一時期、この数字を下げ飾りにしてネッ
クレスやブレスレットにすることが、大人も巻き込んで流行した
ものです。

5世紀ごろ、フランク王クローヴィス1世は、幸福を願って13
枚の銀貨を妻に贈り、フランスではその習慣が19世紀まで続き
ました。また、アンリ4世とルイ13世は、13という数字が自分に
幸運をもたらすと信じていました。

今でもセレブリティのなかには、13という数字に強いこだわり
があって、それが人生に影響を及ぼしている人がいます。たと
えば、映画監督のクロード・ルルーシュ(Claude Lelouch)
は、名前と姓のアルファベットの数を合計すると13になるので
すが、振り返ってみると13日に何かいいことが起こっていたこと
から、この数字に多大なる信頼を寄せています。実際、13日の
金曜日に設立された製作プロダクションの名前は「フィルム
13」で、映画の撮影は必ず13日に始まることになっています。

Meilleurs Vœux

トルコ石
TURQUOISE

この貴石は、殺人や事故による非業の死から
持ち主を守ってくれます。

エジプトで、長いあいだ、スカラベやハヤブサや蓮の花をかたどったトルコ石のおまもりがつくられてきたのには、そんな理由がありました。もともとトルコ人によってヨーロッパに持ちこまれた石ですが、この宝石に特有の価値を含め、さまざまな効用があるとされています。トルコ石を身につけていれば、騎士が落馬することはありませんでしたし、船乗りは遭難することもなく安全に航海することができました。かつて、フランス南東部のドーフィネ地方で、売上を伸ばしたいと願う商人は水瓶座のサインを彫ったトルコ石を持っていました。常に旅をしているヒマラヤの塩の行商人もこの石を持ち歩いていましたが、目的がいささか異なり、病気を予防するためでした。

一般に、トルコ石を腕または左手につけていると、健康な毎日を過ごせることはよく知られています。ほかにも、愛する人の貞操や友人の誠実さを保証し、恋人から贈られれば幸運を呼ぶ力が倍増します。

TURQUOISE

もっと知りたい人のために

Barrau (Véronique), *Plantes porte-bonheur*, Plume
de carotte, 2012.

Bonnemère (Lionel), *Amulettes et talismans*,
Réunion des musées nationaux, 1991.

Bulletin de la Société de mythologie française, numéros 156
à 159, 1989.

Collin de Plancy (Jacques-Albin-Simon), *Dictionnaire
infernal*, Marabout, 1973.

*Mélusine, recueil de mythologie, littérature populaire,
traditions & usages...*, volumes 7 à 10, Librairie Viaut, 1894.

Mozzani (Éloïse), *Le Livre des superstitions*, Robert Laffont,
1999.

Paine (Sheila), *Les Porte-Bonheur*, Alternatives, 2005.

Rougier (Auguste-Jacques), *Qu'est-ce que le folklore ? Essai
anthroposociologique*, imprimerie E. Larrat, 1958.

Sébillot (Paul), *Croyances, mythes et légendes
des pays de France*, Omnibus, 2002.

Sébillot (Paul), *Le Paganisme contemporain chez
les peuples celto-latins*, Elibron Classics, 2005.

ちいさな手のひら事典
ねこ

ブリジット・ビュラール＝コルドー 著
ISBN978‐4‐7661‐2897‐0

ちいさな手のひら事典
きのこ

ミリアム・ブラン 著
ISBN978‐4‐7661‐2898‐7

ちいさな手のひら事典
天使

ニコル・マッソン 著
ISBN978‐4‐7661‐3109‐3

ちいさな手のひら事典
とり

アンヌ・ジャンケリオヴィッチ 著
ISBN978‐4‐7661‐3108‐6

ちいさな手のひら事典
魔女

ドミニク・フゥフェル 著
ISBN978-4-7661-3432-2

ちいさな手のひら事典
薬草

エリザベート・トロティニョン 著
ISBN978-4-7661-3492-6

ちいさな手のひら事典
月

ブリジット・ビュラール＝コルドー 著
ISBN978-4-7661-3525-1

ちいさな手のひら事典
子ねこ

ドミニク・フゥフェル 著
ISBN978-4-7661-3523-7

ちいさな手のひら事典
花言葉

ナタリー・シャイン 著
ISBN978-4-7661-3524-4

ちいさな手のひら事典
マリー・アントワネット

ドミニク・フゥフェル 著
ISBN978-4-7661-3526-8

ちいさな手のひら事典
おとぎ話

ジャン・ティフォン 著
ISBN978-4-7661-3590-9

ちいさな手のひら事典
占星術

ファビエンヌ・タンティ 著
ISBN978-4-7661-3589-3

ちいさな手のひら事典
クリスマス

ドミニク・フゥフェル 著
ISBN978-4-7661-3639-5

ちいさな手のひら事典
フランスの食卓

ディアーヌ・ヴァニエ 著
ISBN978-4-7661-3760-6

LE PETIT LIVRE DU BONHEUR

Toutes les images proviennent de la collection privée
des Éditions du Chêne, sauf pp. 19, 35, 81, 117, 127 © Collection Kharbine-
Tapabor ; p. 25 © Collection Jonas/ Kharbine-Tapabor ; pp. 4, 10, 149
© Collection IM/ Kharbine-Tapabor.
Couverture : plat I © Collection Kharbine-Tapabor ; fond : © Éditions du Chêne.

Le petit livre du bonheur © 2017, Hachette Pratique –
Hachette Livre. All rights reserved.

Directrice générale : Fabienne Kriegel
Responsable éditoriale : Laurence Lehoux
avec la collaboration de Franck Friès
Suivi éditorial : Sandrine Rosenberg
Direction artistique : Sabine Houplain
assistée d'Élodie Palumbo
Lecture-correction : Myriam Blanc
Fabrication : Marion Lance
Mise en pages et photogravure : CGI
Partenariats et ventes directes : Mathilde Barrois
mbarrois@hachette-livre.fr
Relations presse : Hélène Maurice
hmaurice@hachette-livre.fr

This Japanese edition was produced and published in Japan in 2024
by Graphic-sha Publishing Co., Ltd.
1-14-17 Kudankita, Chiyodaku,
Tokyo 102-0073, Japan

Japanese translation © 2024 Graphic-sha Publishing Co., Ltd.

ISBN 978-4-7661-3830-6 C0076
Printed in China

著者プロフィール

ヴェロニク・バロー

児童文学作家。好きなテーマは妖精の世界、信仰、迷信など。多数の児童書を手掛けている。

ちいさな手のひら事典 幸運を呼ぶもの

2024年1月25日　初版第1刷発行
2024年4月25日　初版第2刷発行

著者　　ヴェロニク・バロー（© Véronique Barrau）
発行者　西川 正伸
発行所　株式会社グラフィック社
　　　　102-0073 東京都千代田区九段北1-14-17
　　　　Phone：03-3263-4318　Fax：03-3263-5297
　　　　https://www.graphicsha.co.jp
　　　　振替：00130-6-114345

制作スタッフ
翻訳：いぶきけい
組版・カバーデザイン：杉本瑠美
編集：前野有香
制作・進行：矢澤聡子

◎ 乱丁・落丁はお取り替えいたします。
◎ 本書掲載の図版・文章の無断掲載・借用・複写を禁じます。
◎ 本書のコピー、スキャン、デジタル化等の無断複製は著作権法上の例外を除き禁じられています。
◎ 本書を代行業者等の第三者に依頼してスキャンやデジタル化することは、たとえ個人や家庭内であっても、著作権法上認められておりません。

ISBN978-4-7661-3830-6 C0076
Printed in China